München
und Umgebung

Armin Scheider

Mit Extra-Tourenheft
zum Mitnehmen

W0193966

BRUCKMANN

INHALT

TOUREN IN MÜNCHEN UND VON DER STADT AUFS LAND

Leuchtend-
rotes Mohn-
feld nahe
Taufkirchen

FREIZEIT UND KULTUR

München heute – das ist nicht nur die »Weltstadt mit Herz« und »heimliche Hauptstadt«, sondern auch die beliebteste deutsche Großstadt und zwar mit Abstand vor Hamburg und Berlin! So jedenfalls haben deutsche, österreichische und Schweizer Leser bei der Umfrage einer namhaften Reisezeitschrift entschieden. Ausschlaggebend für diese Bewertung waren vor allem der »südliche Charme« Münchens, sein »hoher Freizeitwert« und das »hochkarätige Kulturangebot«.

Ergänzt werden darf, dass dies beileibe nicht alle positiven Wesenszüge der bayerischen Landeshauptstadt sind. Obwohl inzwischen zu einem Hightech-, Finanz- und Wissenschaftszentrum aufgestiegen, hat sich die Residenzstadt mit den großzügigen Bauten, Parkanlagen und Straßen trotz alledem ihre behagliche Atmosphäre bewahrt. Sie pflegt auch weiterhin bayerische Lebensart und lässt sich – ungeachtet moderner Zwänge – nicht von ihrer christlichen Grundprägung abbringen.

Bei dieser Sachlage ist es ein Glücksfall für einen Autor, wenn er ein Freizeitbuch über München schreiben kann. Doch die schönsten Radtouren rund um diese Stadt zu entwerfen und vorzustellen, ist auch Verpflichtung! Nicht irgendwelche Feld-, Wald- und Wiesentouren durften es sein, sondern die wirklich schöns-

Das Müllersche Volksbad an der Ludwigsbrücke gilt als Deutschlands schönstes Jugendstilbad.

ten! Also in reizvollen Parks und Landschaften, möglichst mit prächtiger Aussicht, auf angenehmen und verkehrsarmen Wegen und natürlich vorbei an interessanten Anziehungspunkten und verlockenden Biergärten. Kurzum solche, die eben alle Vorzüge Münchens und seines Umlandes zur Geltung bringen.

Das Tourengebiet
Während die Umrisse der Stadt München festliegen, sind die Grenzen des Münchner Umlandes eine Frage der Auslegung. Für diese Tourensammlung wurde – schon aufgrund der großen Ausstrahlungskraft Münchens – ein etwas weiterer Kreis gezogen, der mit den Kreisstädten Freising, Wasserburg, Bad Tölz und Landsberg seine wichtigsten Randpunkte hat. Einbezogen sind der Landkreis München und Teile weiterer oberbayerischer Kreise, so im Norden Dachau, Freising und Erding, im Osten Ebersberg und Rosenheim, im Süden Miesbach, Bad Tölz-Wolfratshausen und Starnberg, schließlich im Westen noch Landsberg und Fürstenfeldbruck.

Bayernhimmel und Bauernidylle im Dietramszeller Land – hier wird Radeln zum Genuss.

Die Landschaften um München
Das Münchner Umland darf für sich in Anspruch nehmen, zu den besonders beliebten Radregionen in Oberbayern zu gehören. Das hat triftige Gründe. Einer davon ist die abwechslungsreiche Landschaft, die durchaus mit den »Traumgegenden« des südlichen Alpenvorlandes wetteifern kann.

Im Nordwesten des Tourenraums liegt das **Dachauer Hinterland**, eine unverfälschte bäuerliche Gegend zwischen den Flüssen Glonn und Amper. Sie zählt noch zum tertiären Hügelland südlich der Donau (aus dem Erdmittelalter), was zur Folge hat, dass sich Radrouten dort etwas steigungsintensiver gestalten.

Nach Süden hin schließen sich die großen **Moore** an, nämlich bei Dachau, Freising und Erding. Ihre aparten Licht- und Farbstimmungen ziehen noch heute die Besucher in ihren Bann. Anders im Süden, wo der Stadt ausgedehnte **Forste** vorgelagert sind. Zu diesem Waldgürtel, der vor allem auch der Naherholung dient, zählen u. a. der Forstenrieder Park sowie Perlacher-, Grünwalder- und Deisenhofener Forst, etwas weiter draußen der Ho-

Das Dachauer Moos lockte durch seine aparten Farben und sein weiches Licht früher viele Maler an.

foldinger Forst und im Osten der Ebersberger Forst, der so groß wie der Chiemsees ist und damit eines der größten zusammenhängenden Waldgebiete im Flachland Deutschlands bildet.

Moore und Forste liegen – erdgeschichtlich gesehen – in der sogenannten »Münchner Schotterebene«, einer zwar leicht zu den Bergen hin ansteigenden, aber insgesamt fast völlig flachen Ebene, die dem Radler keine großen Anstrengungen abverlangt. Das Schmelzwasser der Eiszeitgletscher war es, das die mitgeführten Gerölle und Schotter in diese Ebene verfrachtet hat.

Weiter im Süden des Tourengebietes breitet sich dann das sogenannte Moränenland aus, ein leicht gewelltes Gelände, das durch den abgelagerten Gesteinsschutt der Eiszeitgletscher geformt wurde. Dazu gehören die **Hügellandschaften** zwischen Weyarn und Ebersberg im Südosten und zwischen Bad Tölz und Deining im Süden sowie das Fünfseenland im Südwesten. Bei Letzterem sind auch die großen Becken des Starnberger- und des Ammersees eingeschlossen, die einst von den Gletscherzungen ausgefräst wurden. Wer in diesen Gegenden radelt, muss sich also auf häufigere und stellenweise stärkere Steigungen einstellen.

Wenn von Landschaft die Rede ist, dürfen die oft versteckten Kleinode und Schönheiten in der Natur nicht vergessen werden. Zu ihnen sind z. B. das Mangfallknie bei Weyarn und das Würmtal bei Leutstetten zu zählen, aber auch reizvolle kleine Badeseen, wie der Stein- oder der Kirchsee, die mächtigen Eichenalleen in Delling, das Haspelmoor bei Mammendorf und faszinierende Aussichtspunkte, wie die Peretshofer Höhe.

Kultur im Münchner Umland

Mehr noch als mit Landschaft können München und sein Umland in Sachen Kunst brillieren und damit einer Radtour so manchen Glanzpunkt aufsetzen. Dass München ein Kulturzentrum hohen Ranges ist, weiß jedermann. Aber auch das Umland kann mit imponierenden Kulturbauten und -einrichtungen aufwarten: Prächtig sind die barocken Kirchenräume in Weyarn, Dietramszell, Schäftlarn, Andechs, Dießen und Fürstenfeldbruck, als Radziel attraktiv auch die Schlösser in Oberschleißheim, Seefeld oder am Starnberger See.

Goldstrotzender Aufbau des linken Seitenaltars mit Madonnenbild in der Klosterkirche Indersdorf

9

Nicht zuletzt ragt eine Reihe bedeutender Museen heraus, unter ihnen das Heimatmuseum in Bad Tölz, das Diözesanmuseum in Freising, die Porzellansammlung in Oberschleißheim, das Museum der Fantasie in Bernried oder die KZ-Gedenkstätte in Dachau. Ganz zu schweigen von den kleinen Kostbarkeiten abseits der Hauptrouten, die nur dem Kunstfreund geläufig sind und deshalb oft übersehen werden, wie die Schnitzwerke von Erasmus Grasser in der Reichersdorfer Kirche nahe dem Seehamer See oder die schönen gotischen Fresken in der Dorfkirche von Linden, nördlich von Dietramszell.

Freizeit und Gastronomie

Der Franziskaner-Biergarten in Trudering ist an heißen Tagen bis zum letzten Platz gefüllt.

Doch wer will es den Radlern verübeln, wenn sie auf ihren Touren weniger Kirchen und Museen besuchen, sondern mehr Ausschau halten nach Freizeiteinrichtungen und vor allem nach stattlichen Gasthöfen und gemütlichen Biergärten, zumal das Umland auch in dieser Hinsicht die Erwartungen voll erfüllen kann. Gerade wenn Sie mit Kindern aufbrechen, gibt es besonders lohnende Freizeitziele: Der Wildpark in Poing, der Freizeitpark in Wolfratshausen, das Thermalbad in Erding, das Alpamare in Bad Tölz oder der Besucherpark am Flughafen München.

Und was Gasthöfe und Biergärten anbelangt, ist es schier unmöglich, eine Auswahl zu treffen. Stellvertretend seien hier Betriebe erwähnt, die im Rahmen des Wettbewerbs »Bayerische Küche« ausgezeichnet wurden, so der Mayr-Wirt in Erding, der Kirchenwirt in Anzing und der Brauereigasthof in Aying, aber auch der Alte Wirt in Weyarn, die Post in Königsdorf und der Zieglerbräu in Dachau. Besonderen Zuspruchs erfreuen sich nicht zuletzt die Biergärten, wie z. B. in München, Leutstetten, Obermühltal, Andechs und Großhesselohe.

Wenn die Bayern feiern

Große Anziehungskraft entfalten auch Brauchtumsveranstaltungen und Dorffeste. Sie sind ein wichtiger Bestandteil bayerischer Kultur und Lebensart, wenn man auch zugeben muss, dass sie mancherorts vor allem für Touristen und Ausflügler inszeniert werden. Wer die Veranstaltungskalender einsieht, staunt manchmal nicht schlecht, was es da alles zu feiern gibt, weltliche Anlässe ebenso wie fromme: Trachten- und Feuerwehrjubiläen, Freilichtspiele, Leonhardiritte, Kirchweihen, Faschingsbräuche, Markt-, Dorf-, Wald- und Seefeste, Fronleichnamsprozessionen und Wallfahrten, Sonnwendfeuer, Aufstellen von Maibäumen und vieles mehr. Die meisten dieser Veranstaltungen finden jedes Jahr statt, einige nur im Abstand von mehreren Jahren.

Viel besuchte Brauchtumsfeste in München sind u. a. der Schäfflertanz (alle sieben Jahre im Januar/Februar, nächster 2012), der Marktfrauenfasching (Februar), die Starkbierzeit mit Steinheberwettbewerb (März), Mai-, Jakobi- (Juli/August) und Kirchweihdult (Oktober) und natürlich das Oktoberfest, das freilich mit Pflege heimatlichen Brauchtums nicht mehr viel zu tun hat.

Auch im Münchner Umland wird gerne gefeiert. Über die Region hinaus bekannt sind z. B. die Kaltenberger Ritterspiele (Juli), die

Die malerische Marktstraße in Bad Tölz mit Winzererdenkmal und Heimatmuseum

Tutzinger Fischerhochzeit (alle fünf Jahre im Juni/Juli, nächstes 2005), das Landsberger Ruethenfest (alle vier Jahre im Juli, nächstes 2007) und die Tölzer Leonhardifahrt am 6. November. Einen Namen haben aber auch die Leonhardiritte in Siegertsbrunn (Juli), Dietramszell (Juli), Grafing (Oktober) und Fürstenfeldbruck (Ende Oktober), Fischertanz und Fischerstechen in Starnberg (alle fünf Jahre im Juli/August, nächstes 2007) sowie die König-Ludwig-Feier in Berg (Juni), das Grünsinkerfest in Weßling (Juli/August), Seefest und Fischerstechen in Dießen (Juli/August) und viele Festlichkeiten mehr.

Auskunft über Art und Termine der Veranstaltungen erteilen die Verkehrsämter oder Rathäuser der betroffenen Orte, außerdem der Tourismusverband München-Oberbayern e.V., Rudolfzeller Straße 15, 81243 München, Tel. 089/8292 18-0, Fax 089/8292 18-28, E-Mail: touristinfo@oberbayern.de, www.oberbayern-tourismus.de, sowie das Fremdenverkehrsamt München, Sendlinger Str. 1, 80331 München, Tel. 089/23 39 65 00, Fax 089/233 30 233, E-Mail: tourismus@muenchen.de, www.muenchentourist.de

Radeln ist in

Geheimtipp für Radler: die parkartige Region nördlich von Gmund mit Wendelstein im Hintergrund

Wenn unser Tourenraum also schon so von Landschaft, Kultur und Gastronomie begünstigt ist und sich somit ideal eignet, unsere Freizeit zu bereichern, kann das Motto nur heißen: Auf geht's zum Radeln! Denn unter Radfreunden ist man sich schon immer einig: Es gibt nichts Schöneres, als an einem sonnigen Tag aufs Rad zu steigen und für ein paar Stunden durch die aufblühende Natur zu fahren. Sattes Grün, soweit das Auge reicht, gefärbt vom leuchtenden Gelb der Löwenzahnwiesen oder Rapsfelder. Die Vögel zwitschern um die Wette, die Luft riecht nach warmer Erde und am Himmel tummeln sich weiße Schönwetterwolken.

Obwohl der Aktionsradius mit dem Fahrrad mehr als respektabel ist und somit auch längere Fahrten ermöglicht, kann der Radler immer engen Kontakt zur Natur halten und sie entsprechend intensiv erleben. Das ist ein zweifacher Vorzug, den weder das Auto noch die Wanderung zu Fuß bieten kann. Nicht

zu vergessen die anderen Vorteile, die das Radfahren hat: Es ist kostengünstig, schont die Umwelt und erzielt zu alledem noch eine sportlich-gesundheitliche Wirkung.

Tipps rund ums Fahrrad

Ein paar Voraussetzungen sollten freilich erfüllt sein, wenn die Radtour wirklich zum ungetrübten Genuss werden soll.

Einstellungen am Fahrrad: Richten Sie es körpergerecht ein, nur dann macht Radeln Spaß. Das Oberrohr des Rahmens sollte nur so hoch sein, dass noch rund 10 cm Spiel im Schritt besteht. Sattel möglichst waagrecht und mit dem Lenker auf gleiche Höhe stellen, beim Sitzen im Sattel sollte man mit den Fußballen noch den Boden erreichen können. Es kostet nur ein paar Handgriffe, und alles ist erledigt.

Fahrradcomputer sind heute schon für wenig Geld zu haben und lassen sich leicht am Rad anbringen. Damit wird die Orientierung im Gelände zum Kinderspiel. Das richtige Abbiegen, die Länge der bereits gefahrenen Strecke oder die aktuelle Geschwindigkeit, alles kein Problem mehr mit diesem kleinen Zauberkünstler.

Fahrstil: Wenn Sie nicht gerade unter rein sportlichen Gesichtspunkten touren, gewöhnen Sie sich an, mit dem Rad zu gleiten und nicht zu hetzen. Sie wollen doch die Tour genießen. Dazu muss man allerdings genügend Zeit mitbringen. Unerlässlich ist auch – wo immer nötig –, Rücksicht auf Fußgänger zu nehmen. Sie haben in vielen Fällen Vorrang! Auf Fußwegen oder in Fußgängerzonen heißt es absteigen und schieben. Manche Touren weisen kritische Stellen auf, die Sie vorsichtig angehen sollten. Steile Abfahrten, Überqueren einer stark befahrenen Straße oder Einfahrt in ein verkehrsreiches Ortszentrum erfordern besonnene Fahrweise. Schließlich verlangt auch der Naturschutz seinen Beitrag. Bleiben Sie mit dem Rad auf den Wegen, reißen Sie keine Pflanzen ab und hinterlassen Sie keine Abfälle. Vermeiden Sie Lärm und offenes Feuer!

Vorbereitung der Tour: Verschaffen Sie sich noch zu Hause einen ersten Eindruck von der Route und überschlagen Sie grob den Zeitbedarf, um nicht in Zeitdruck zu geraten. Nehmen Sie stets ein paar Utensilien mit, die für jede Tour gebraucht werden: die empfohlene Karte, ein Sonnenschutzmittel, ein Taschenmesser und bei unsicherem Wetter noch eine Regenjacke. Etwas Obst und ein Getränk gehören in den meisten Fällen auch dazu.

Das Würmtal zwischen Pasing und Gauting ist eine der beliebtesten Radlstrecken im Münchner Umland.

Wissenswertes zum Radführer

Das Buch unterscheidet **Streckentouren** und **Rundtouren**. Bei den fünf Streckentouren liegt der Ausgangspunkt im Stadtgebiet von München und der Endpunkt, jeweils ein attraktives Ziel, im Münchner Umland. In allen Fällen wird bis zum Ziel eine so ansehnliche Strecke zurückgelegt, es sind zwischen 30 und 40 km, dass es dem Radler mit normaler Kondition nicht zuzumuten ist, auch wieder zurückzuradeln. Also erfolgt die Rückfahrt mit

der S-Bahn. Anders bei den Rundtouren, von denen die ersten zwei im Stadtgebiet von München verlaufen und die übrigen 23 im Münchner Umland. Ihr Ausgangspunkt ist zugleich auch der Endpunkt. Somit können diese Startpunkte mit dem Auto angefahren werden, in vielen Fällen aber auch mit der S-Bahn.

Mitnahme von Fahrrädern in S- und U-Bahn

Die Mitnahme normaler Fahrräder in S- oder U-Bahn ist an bestimmte Spielregeln gebunden. Die wichtigsten sind: Mitnahme an Samstagen sowie Sonn- und Feiertagen ganztätig ohne Einschränkung. An Werktagen können Räder ebenfalls mitgenommen werden, jedoch nicht im Berufsverkehr von 6–9 und von 16–18 Uhr. Während der Schulferien gilt nur das morgendliche Verbot. Jeder Fahrgast darf nur ein Fahrrad mitführen, Kinder bis einschließlich 11 Jahre nur in Begleitung von Personen ab 15 Jahren. Pro Einstiegsraum sind höchstens zwei Fahrräder zugelassen. Halten Sie Ihr Rad während der ganzen Fahrt fest und achten Sie darauf, dass niemand gefährdet oder übermäßig belästigt wird. Rolltreppen sind für Räder tabu, nutzen Sie die Aufzüge oder die Steintreppen. Für jedes Fahrrad ist unabhängig vom Fahrziel eine Einzelfahrkarte für 1 Zone oder zwei Streifen der blauen Streifenkarte zu entwerten. Kinder bis zu 14 Jahren entwerten eine Kindereinzelfahrkarte oder einen Streifen der roten Kinderstreifenkarte. Mit einer Fahrrad-Tageskarte können Sie an diesem Tag das Fahrrad beliebig oft mitnehmen.

Zeichenerklärung:

 mittel Schwierigkeitsgrad

 63 km Streckenlänge

 ↑ **90 m** ↓ **90 m** Höhenunterschied

🕐 **5 Std.** Reine Fahrtzeit (ca.)

 Rundtour

🚉 Bahnhof

Kartenlegenden:

──────── Autobahnen

──────── Verkehrsreiche Bundes- und Landstraßen

──────── Verkehrsarme Nebenstraßen

──────── Verkehrsfreie Teer- und Schotterwege

─■─■─■─ Eisenbahn

──────── Routenführung

■ ■ ■ ■ ■ ■ Alternativroute

➤ Richtungspfeil

Ⓐ Ⓔ Ausgangs- und Endpunkt der Tour

Ⓢ Ⓤ S- und U-Bahn

P Parkplatz

 0 ──── 1 km Nordpfeil und Maßstab

⚲ Kirche, Kapelle

⚑ Kloster

♗ Schloss / Burg

🏛 Museum

⁂ Prähistorische Anlagen

✦ Sonstiger Anziehungspunkt

✕ Gasthof / Café

⌷ Bademöglichkeit

⚞ Aussichtspunkt

✺ Rundsicht

✈ Flugplatz

─ ─ ─ Moorgebiet

⬗ Turm / Aussichtsturm

⚡ Funk- / Sendeanlagen

Tourenheft:

⚲ Sehenswerte Kirche

♗ Schloss/Burg

🏛 Museum

✶ Ansonsten sehenswert

✕ Gasthof/Café

⌷ Badegelegenheit

⬔ reizvolle Landschaft

⛰ schöne/weite Aussicht

Ａ Alternative Abstecher

❗ Achtung! Gefahrenquelle

Höhenprofil:

Höhenmeter ──────

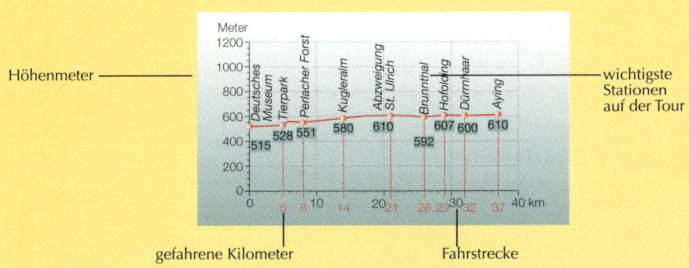

────── wichtigste Stationen auf der Tour

gefahrene Kilometer   Fahrstrecke

15

leicht

 33 km

 ↑ 60 m ↓ 60 m

 3 Std.

ENTLANG DER ISAR DURCH MÜNCHEN

Marienplatz – Flaucherpark – Hinterbrühler Park – Großhesselohe – Tierpark Hellabrunn – Herzogpark – Aumeister – Englischer Garten – Hofgarten – Marienplatz

Wir radeln mitten durch München und doch ist von Verkehr und Hektik so gut wie nichts zu spüren. Dafür umso mehr vom Reiz gepflegter Parkanlagen, von der Faszination bekannter Münchner Baudenkmäler und der Verlockung durch gemütliche Biergärten.

Tourenverlauf

Rund um den **Marienplatz** gibt es zahlreiche hochrangige Sehenswürdigkeiten, die man vor oder nach der Tour besichtigen kann. Faszinierend der Gang über den **Viktualienmarkt**, wo es fast alles gibt, was das Herz begehrt, für Gourmets ebenso wie für normale Geschmäcker. Wenn Sie genügend Zeit haben, lässt sich das bunte Treiben am besten vom Biergarten in der Mitte des Marktes beobachten. Nächstes Highlight ist der **Flaucherpark** zwischen Isar und Großem Stadtbach, wo Sie verkehrsfrei in einer Parklandschaft radeln und schöne Ausblicke auf die Isar haben. Zu den beliebtesten Biergärten Münchens zählt der »Flaucher«, der sich schon von weitem durch Grillgeruch ankündigt. Gleich nebenan eine Sportwiese, auf der sich Kinder und Erwachsene austoben können. Landschaftlich besonders reizvoll sind die **Uferwege** vor der Marienklausenbrücke und nach Hinterbrühl, aber auch der **Hinterbrühler Park**, in dem See und Bewachsung stimmungsvolle Bilder erzeugen.

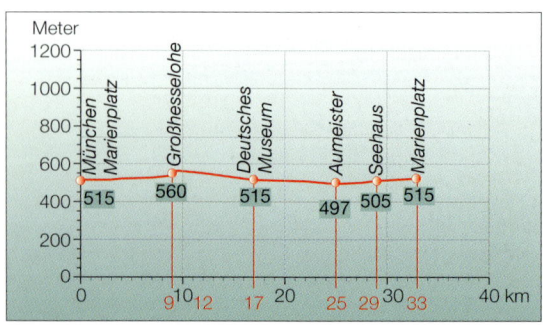

Wenn Sie die Großhesseloher Eisenbahnbrücke erreicht haben, bieten sich von dort zwei besonders lohnende Abstecher an: Einmal zur **Großhesseloher Waldwirtschaft** ca. 700 m südlich der Brücke auf dem Hochufer der Isar. Sie gilt mit als schönster Biergarten

{"id":"1"}

Münchens und ist als Treffpunkt seit Jahren »in«. Ihre besonderen Merkmale: Reichhaltige Gastronomie à la Bavaria, dazu Jazz à la New Orleans und viel Prominenz. Ungefähr genauso weit weg von der Eisenbahnbrücke liegt auf dem Ostufer die **Film-** **stadt Geiselgasteig.** Dort können Sie an der eineinhalbstündigen Bavaria-Film-Tour teilnehmen und dabei in die Welt des Films eintauchen. Nun ein Lob an den parkartigen Grünstreifen am Isarhochufer, in dem es sich wirklich genussvoll radeln lässt. Erster Anziehungspunkt indessen ist der **Biergarten Menterschwaige**, ein großer und gepflegter Betrieb, in dem einst Lola Montez wohnte

Rechts:
Der Hinter-
brühler Park
mit See am
Westufer der
Isar

und von König Ludwig I. zum Schäferstündchen aufge-sucht wurde. Weltgeltung hat der **Tierpark Hellabrunn**, übertroffen an Bedeutung je-doch noch vom **Deutschen Museum**, das als größtes technisch-naturwissen-schaftliches Museum der Welt gilt. Historische Origi-nale und ungezählte Expo-

Info Nicht weit vom Marien-platz steht das Wahrzei-chen von München: die **Frauenkirche** von Jörg von Halspach, bedeutendster Sakralbau Münchens. Die 100 m ho-hen Türme mit Kuppelhauben sind weltweit bekannt. Die dreischiffige In-nenhalle birgt kostbare Ausstattungs-stücke (bemalte Glasfenster, Flügelal-tar, Schnitzfiguren, Grabmonument Kaiser Ludwigs des Bayern).

nate und Modelle gewähren Einblick in fast alle Gebiete der Technik. Passiert werden auf dieser Etappe als Nächstes das **Maximilia-neum**, Sitz des bayerischen Landtags und Senats und Internat für Einser-Abiturienten sowie der **Friedensengel** an der Prinzregen-tenbrücke, ursprünglich als Denkmal zur 25. Wiederkehr des Sieges über Frankreich 1871 gedacht, später dann als Friedensdenkmal er-richtet. Zwischen Prinzregenten- und Max-Joseph-Brücke sind auch zwei Abstecher überlegenswert: An der Ecke Prinzregenten-/ Ismaninger Straße (ca. 300 m vom Uferweg) steht die 1898 errich-

Das Alte Rat-
haus von
1315 am Ma-
rienplatz ist
Ausgangs-
punkt der
ersten beiden
Touren.

tete und architektonisch sehenswerte **Stuckvilla**, die seit den 60er Jahren das Jugendstilmuseum beherbergt. 300 m von der Max-Joseph-Brücke entfernt, liegt am Bogenhausener Kirchplatz die sehenswerte **St. Georgs-Kirche**, um-schlossen von einem stimmungsvollen dörflichen Friedhof, auf dem viele be-kannte Münchner ruhen, z. B. Hans Knappertsbusch, Liesl Karlstadt, Karl Valentin und Erich Kästner.

Ein Genuss ist es auch, durch den **Her-zogpark** zu radeln. Gepflegte Parkat-mosphäre und repräsentative Villen na-mentlich an der Heinrich-Mann-Allee veranlassen uns immer wieder, stehen zu bleiben und die Szene zu bewundern. In dieser Gegend gibt es auch zwei ge-hobene **Biergärten**, die seit vielen Jah-ren einen Namen in München haben: Der Betrieb im Grüntal, nur einen Stein-wurf vom Stauwehr entfernt, und die

Emmeramsmühle in der Nähe des Hölzernen Stegs. Einen sehr guten Ruf genießt der **Aumeister**, ehemals königliches Aujägermeisterhaus von 1810 und ein echter Münchner Traditionsbiergarten.

Die Route am Schwabinger Bach verläuft durch die **Hirschau**, einen schönen Landschaftsgarten in nördlicher Verlängerung des Englischen Gartens. Nach Querung des Isarrings (Mittlerer Ring) Eintritt in den **Englischen Garten**. 1789 angelegt, ist er heute nicht nur die größte in sich geschlossene Grünanlage einer deutschen Großstadt, sondern zählt auch zu den schönsten Stadtparks Europas. Landschaftlich besonders reizvoll fügt sich der um 1800 angelegte **Kleinhesseloher See** ein, an dessen Ufer das Seehaus und sein beliebter Biergarten liegen. Bayerische Schmankerln mit Blick auf Park und See, das gibt es in München nur selten.

Sehenswürdigkeiten rund um den Marienplatz:
Neues Rathaus (19. Jh.), dort täglich ein Glockenspiel mit Ritterturnier und Schäfflertanz. An der Ostseite das **Alte Rathaus** von 1315, heute nur noch ein Saalbau und der Turm erhalten. Darin ein **Spielzeugmuseum (täglich 10–17.30 Uhr)**. **Mariensäule** von 1638, errichtet zum Dank dafür, dass München und Landshut im 30-jährigen Krieg verschont blieben.
Etwas zurückversetzt die **Peterskirche**, älteste und beliebteste Pfarrkirche in München mit einem stimmungsvollen Innenraum. Vom »Alten Peter«, dem Turm der Kirche, herrlicher Blick auf die Stadt. Am Odeonsplatz die mächtige **Theatinerkirche** (1688) mit hoher Kuppel und üppigem Stuck sowie die den bayerischen Generälen von Wrede und Tilly gewidmete **Feldherrnhalle**.

Essen und Trinken: Rund um den Marienplatz: Diverse Gasthöfe und Cafés, sonst: siehe Tourenbeschreibung.
Sehenswertes: Gegenüber der Theatinerkirche steht die **Residenz**, mit prunkvollen Raumschöpfungen und der Schatzkammer (Goldschmiedearbeiten, Kronen, Buchmalereien u. a.). In der Sendlinger Straße die **Asamkirche**, ein Rokokokleinod, das von den Gebrüdern Asam erbaut wurde und als schönste Kirche Münchens gilt. **Stadtmuseum** (Di–So 10–18 Uhr) am St. Jakobs-Platz, u. a. mit den berühmten Moriskentänzern von Erasmus Grasser.
Fahrradverleih: Radverleih P. Holder im Hauptbahnhof (bei Gleis 31), Arnulfstr. 3 (Mai–Mitte Oktober täglich 10–18 Uhr), Tel. 089/59 61 13, Fax 089/59 47 14. Radverleih und Stadtführungen Spurwechsel, Ohlmüllerstr. 5, Tel. 089/692 46 99.
Information: Fremdenverkehrsamt München, Sendlinger Str. 1, 80331 München, Tel. 089/23 39 65 00, Fax 089/23 33 02 33, E-Mail: tourismus@muenchen.de, Internet www.muenchen-tourist.de

Die Wirte lassen sich etwas einfallen: hier ein Kinderkarussell im Biergarten Menterschwaige.

Tourenverlauf in Stichpunkten

Marienplatz – Großhesselohe (Wegweisend sind grünweiße Radschilder Richtung Pullach/Wolfratshausen): Marienplatz – Viktualienmarkt nach Süden überqueren (schieben!) – auf Reichenbach- und Fraunhoferstraße zur Wittelsbacher Straße, dort Radweg nach rechts – Einfahrt in den Flaucherpark – Mittleren Ring unterqueren – Flaucher Biergarten – über den Werkkanal und an der Hans-Preißlinger-Straße links – Thalkirchener Brücke unterqueren und weiter auf Radweg – Zentralländstraße und gleich links auf Uferweg – vorbei an der Marienklausenbrücke – Einfahrt in den Hinterbrühler Park – Hinterbrühler See – Conwentzstraße links ab – 600 m danach links auf Uferweg – Großhesseloher Eisenbahnbrücke, hochschieben und überqueren.

Großhesseloher Brücke – Aumeister (Maßgebend sind hier die Radschilder Richtung Ludwigsbrücke, Englischer Garten und Aumeister): Ostausgang Großhesseloher Brücke – dort auf den Hochuferweg (Hochleite) in Nordrichtung –am Biergarten Menterschwaige vorbei – zur Marienklausenbrücke hinunter – am Tierpark Hellabrunn entlang – Weiterfahrt auf Ufersträßchen zum Deutschen Museum – nacheinander Ludwigs-, Maximilians-, Luitpold- und Max-Joseph-Brücke unterqueren – auf Uferweg im Herzogpark bis zum Stauwehr – Stauwehr rechts umfahren – über den Mittleren Isarkanal – auf Mittlerer Isarstraße zum Hölzernen Steg und darüber – an der nächsten Gabel rechts zum Aumeister.

Aumeister – Marienplatz: Aumeister – 100 m zurück zur Brücke über den Schwabinger Bach – danach rechts ab und gut 3 km am Schwabinger Bach entlang – Seehaus am Kleinhesseloher See – weiter nach Süden zum Chinesischen Turm – an der Ostseite des Monopteros vorbei – Kreuzung am Prinz-Carl-Palais unterqueren – Einfahrt in Hofgarten – Odeonsplatz – auf Residenz- und Dienerstraße zurück zum Marienplatz.

Tipp Lustiger Auftakt oder Abschluss der Radtour könnte ein Besuch im Valentin-Musäum im Isartorturm sein. Es gibt Einblick in das Leben und Werk der Münchner Komiker Karl Valentin und Liesl Karlstadt. Die Sammlungen umfassen auch Zeugnisse von über 400 Münchner Komikern und Volkssängern sowie eine Münchner »Curiositätenschau«.

Seltenheitswert besitzt auch der Biergarten am **Chinesischen Turm**. Er übt nämlich Anziehungskraft aus wie kaum ein anderer, seine Besucherscharen sind so bunt gemischt wie nirgendwo in München und seine Blasmusik am Wochenende ist ebenfalls eine Rarität. Übrigens: Der Turm wurde im 18. Jh. errichtet, 1944 zerstört und 1952 rekonstruiert. Etwas weiter südlich der **Monopteros**, 1838 auf einem Hügel mit Blick auf die Altstadt entstanden, ein kleiner Rundtempel, der den Wittelsbachern als Förderern des Englischen Gartens gewidmet ist. Vom Hofgarten aus lohnt noch ein Blick auf das **Prinz-Carl-Palais**, das einmal »schönster Aristokratensitz Münchens seit Cuvilliés' Bauten« genannt wurde, auf die Bayerische Staatskanzlei und den **Hofgarten** selbst.

Sonne tanken und Ausschau halten: Freizeitgestaltung am Monopteros im Englischen Garten.

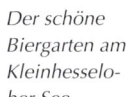

Der schöne Biergarten am Kleinhesseloher See.

	leicht
	32 km
	↑ 35 m ↓ 35 m
	3 Std.

ATTRAKTIONEN IM WESTEN DER STADT

Marienplatz – Königsplatz – Olympiapark – Nymphenburger Schloss – Blutenburg – Würmtal – Westpark – Theresienwiese – Marienplatz

Eine abwechslungsreiche Tour durch die Westhälfte Münchens. Wichtige Stationen sind der Olympiapark sowie Schloss Nymphenburg und die Blutenburg. Darüber hinaus gibt es viel Grün, einen bekannten Biergarten und wunderbare Radwege.

Tourenverlauf

Am Karolinenplatz passieren wir den 29 m hohen **Obelisken**, der den gefallenen bayerischen Soldaten des Russlandfeldzugs 1812 gewidmet ist. Drei Bauten sind am Königsplatz von Interesse: In der Mitte der klassizistische Torbau **Propyläen** (1862) von Leo von Klenze und an den Seiten die beiden Museen **Glyptothek** (Klenze, 1830), und **Staatliche Antikensammlung**, die zusammen immerhin als reichstes Museum antiker Skulptur und Vasenkunst in Deutschland gelten.

Der folgende Streckenabschnitt verläuft durch **Schwabing**, wohl

Tourencharakter: Die neben Freising leichteste Tour des Buches und eine ganz besonders empfehlenswerte. Der Kurs ist so gut wie völlig eben, die Straßen und Parkwege ohne Einschränkung befahrbar. Stärkerer Verkehr an wenigen Abschnitten, störend nur in der Briennerstraße, da dort ohne Radweg.
Ausgangs- und Endpunkt: Marienplatz in München.
Anfahrt: Mit Auto nicht zu empfehlen wegen akuter Parkplatznot. S-Bahn: Mit allen S-Bahnen sowie U3/U6.
Streckenverlauf: Olympiapark 6½ km, Schloss Nymphenburg 4 km, Blutenburg 6½ km, Stadtpark Pasing 3 km, Westpark 7 km, Marienplatz 5 km.
Wegweisung: Radschilder (siehe Tourenverlauf), Straßenbeschilderung.
Karte: Stadtplan München.

bekanntester Stadtteil Münchens. Zahlreiche Straßencafés, Boutiquen, Theater und Diskotheken – und trotzdem: vom einstigen Künstlerviertel ist nicht viel übrig geblieben. Im **Olympiapark**, dem Schauplatz der Olympischen Spiele 1972, beeindrucken

u.a. das kühne Olympiastadion mit seinem weltberühmten Zeltdach, der 290 m hohe Olympiaturm und die parkartige Gestaltung der Anlage. Einen wunderbaren Blick auf das Areal und auf München hat man vom Olympiaberg.

Lenbachvilla am Königsplatz

Essen und Trinken: Rund um den Marienplatz diverse Einkehrmöglichkeiten. Nymphenburg: Gasthof Hirschgarten mit Biergarten. Blutenburg: Schlossschänke mit Garten. Westpark: Gasthof Rosengarten mit Garten am See.

Sehenswertes: Sehenswürdigkeiten rund um den Marienplatz siehe Tour 1. Weitere erwähnenswerte Anziehungspunkte entlang der Route siehe Text Tourenverlauf.

Fahrradverleih: Radverleih P. Holder im Hauptbahnhof (bei Gleis 31), Arnulfstr. 3 (Mai–Mitte Oktober täglich 10–18 Uhr), Tel. 089/596113, Fax 089/594714. Radverleih und Stadtführungen Spurwechsel, Ohlmüllerstr. 5, Tel. 089/6924699.

Information: Fremdenverkehrsamt München, Sendlinger Str. 1, 80331 München, Tel. 089/829218-0, Fax 089/829218-28, E-Mail: tourismus@muenchen.de, Internet www.muenchen-tourist.de

Zu den schönsten barocken Schloss- und Parkanlagen Bayerns und Deutschlands zählt das **Nymphenburger Schloss**. Erbaut und umgestaltet zwischen 1664 und 1730, sind seine Glanzpunkte die berühmte Schönheitsgalerie Ludwig I., das Marstallmuseum, eine Porzellansammlung im Hauptschloss sowie die Porzellanmanufaktur in einem Rondellbau und die drei Lustschlösschen Amalienburg, Badenburg und Pagodenburg im Schlosspark.

Erster Anziehungspunkt der zweiten Etappe ist der **Hirschgarten**, im 18. Jh. ein Jägerhaus, heute ein Betrieb mit Bayerns größtem Biergarten. Bis zu 8000 Bierfans sollen sich dort an warmen Sommerabenden einfinden. Nächste Station ist Schloss **Blutenburg**, das schon ab 1425 von bayerischen Herzögen als Lust- und Jagdschloss genutzt wurde und heute u. a. die Internationale Jugendbibliothek aufnimmt. Besonders sehenswert der stimmungsvolle Innenraum der spätgotischen Schlosskirche St. Sigismund, u. a. mit Altar-Tafelbildern von Jan Polack (1491) und 12 Apostelfiguren an den Wänden.

Klein aber fein ist der Luitpoldpark mit altem Baumbestand.

Sehr reizvoll ist die Radstrecke im **Würmtal** von der Blutenburg bis in den Stadtpark Pasing: Die Wege sind verkehrsarm, verlaufen z. T. in gepflegten Grünanlagen nahe der Würm und bieten schöne Ausblicke auf Fluss und Auen. Eine Oase der Ruhe und

Schloss Nymphenburg mit Park und Gartenschlösschen zählt zu den schönsten barocken Schlossanlagen in Deutschland.

Tourenverlauf in Stichpunkten

Marienplatz – Schloss Nymphenburg: Marienplatz – auf Diener- und Residenzstraße bis Odeonsplatz – links auf Briennerstraße (ohne Radweg) zum Königsplatz – rechts ab über Luisen- und Tengstraße zum Hohenzollernplatz (Radschilder Harthof) – Erich-Kästner-Straße – auf Barschtallee in Luitpoldpark (Radschilder Olympiapark) – Durchfahrt an Kleingartenanlage vorbei bis Schleißheimer Straße (U-Bahn-Station Petuelring) – gegenüber weiter auf Birnauer Straße (parallel zum Mittleren Ring) – über Willi-Gebhardt-Ufer durch den Olympiapark (Radschilder Laim) – entlang Biedersteiner- und Nymphenburger Kanal (Uferwechsel an Dantestraße) – Menzinger Straße links ab (Überquerung in einer kleinen Rechtsschleife) – Ludwig-Ferdinand-Brücke (Eingang zum Schloss Nymphenburg).

Schloss Nymphenburg – Westpark: Auf der Notburgastraße bis zum Romanplatz – auf Güntherstraße zum Hirschgarten – durch den Biergarten schieben und rechts zur Winfriedstraße – über die Wotanstraße an der Laimer Unterführung – nach ca. 600 m an der Schlossmauer rechts ab – im weiteren den Radschildern »Blutenburg« nach – ab Blutenburg den Radschildern Gräfelfing/Pasing folgen – entlang der Würm nach Pasing – Einfahrt in den Pasinger Stadtpark – knapp 1,5 km nach der Pasinger Bahnunterführung links auf den Hugo-Frey-Weg – an der Planeggerstraße rechts und an der folgenden Kreuzung links auf die Weinbergerstraße – nach 800 m rechts über Silberdistelstraße (Radschild Westpark) bis Senftenauer Straße, dort links ab – an der A 96 links auf ein Parallelsträßchen bis zur Fürstenriederstraße – gegenüber links Zufahrt zum Westpark (Radschild) – Einfahrt in den Westpark (dem Schild Sardenhaus/-garten nach).

Abschnitt Westpark – Marienplatz: Seeufer gegenüber dem Seerestaurant Rosengarten im Ostteil des Westparks – nach Süden abgehender Weg mit Radschild Richtung Starnberg/Forstenried – bis zur Gaststätte Nestroy-Garten – 150 m weiter an der Ortlerstraße grünweißes Radschild Richtung Theresienwiese (dieses Schild ist in der Folge maßgebend) – am Margaretenplatz links ab – auf Daumiller- und Lipowskystraße zur Radlkoferstraße – rechts über Hans-Fischer-Straße auf den Bavariaring an der Theresienwiese – nach 800 m rechts über Beethoven- und Nußbaumstraße zum Sendlinger-Tor-Platz – weiter auf dem Oberanger zum Marienplatz.

Entspannung ist auch der **Westpark**. Er entstand 1983 im Rahmen der Internationalen Gartenbauausstellung, umfasst ca. 60 ha und ist eine anmutige Parklandschaft mit Weihern, Spielplätzen und mehreren Gaststätten. Auch ein Ostasien-Ensemble mit einer glanzvollen thailändischen Sala inmitten eines Teiches und einer fein gearbeiteten nepalesischen Holzpagode sowie ein Bayerwaldhaus gehören zu seinen Attraktionen.

Auf dem Weg vom Westpark zum Sendlinger-Tor-Platz passiert man die **Theresienwiese**, einen der bekanntesten Plätze in München, denn er ist alljährlich Schauplatz des weltberühmten Oktoberfestes. Einziger Schmuckbau des weiten und meist leeren Areals ist die Ruhmeshalle als Gedenkstätte für »ausgezeichnete« Bayern. Davor steht die mit Sockel gut 27 m hohe Bavariafigur.

Bayerns größter Biergarten – der Hirschgarten strahlt behagliche Atmosphäre aus.

Am Sankt-Jakobs-Platz und Oberanger steht das **Münchner Stadtmuseum** (täglich außer Mo 10–18 Uhr), das folgende ständige Ausstellungen zeigt: Stadtbild München (Ansichten aus fünf Jahrhunderten), Morisken-Saal (u. a. spätgotische Moriskentänzer von Erasmus Grasser), Musikinstrumentenmuseum (2 000 Instrumente), Fotomuseum (Geschichte der Fotografie), Modemuseum (Kleidung und Accessoires vom 18. Jh. bis heute), Puppentheatermuseum (die Kulturgeschichte des Puppenspiels) und Filmmuseum. Beachtenswert sind auch die großen kulturhistorischen Wechselausstellungen des Museums.

> **Tipp** Im **Botanischen Garten** (Menzinger Straße 65) können Sie zahlreiche Pflanzenarten aus verschiedenen Weltregionen studieren und bestaunen: Orchideen und Tropengewächse, Farne, Kakteen, Wasser- und Sumpfpflanzen und vieles andere mehr. Geöffnet täglich 9–19 Uhr, im Winter nur bis 16.30 Uhr. Gewächshäuser von 11.45–13 Uhr geschlossen.

*Märchenhafte
Ansicht der
Blutenburg,
einst Lust-
und Jagd-
schloss der
bayerischen
Herzöge*

*Die glanz-
volle thailän-
dische Sala
inmitten ei-
nes Teiches
im Westpark*

 leicht

 38 km

 ↑ 0 m ↓ 55 m

 3½ Std.

VOM ENGLISCHEN GARTEN ZUM FLUGHAFEN

Englischer Garten — Hirschau — Isartal — Ismaning — Zengermoos — Goldach — Hallbergmoos — Flughafen

Nachdem der Englische Garten und die Hirschau durchquert sind, geht es ein Stück an der Isar entlang nach Ismaning. Dann folgt ein beschaulicher Abstecher ins Erdinger Moos, der schließlich auf dem Aussichtshügel im Besucherpark des Münchner Flughafens endet.

Tourenverlauf

Vom Chinesischen Turm aus schieben wir links an den Buden vorbei zur Tivoli-straße, biegen links ab und nutzen nach knapp 200 m den rechts ab-gehenden Weg (ohne Fußgängerschild). Er bietet schöne Ausblicke auf Park und Klein-hesseloher See und führt zum **Seehaus**, wo schon wieder ein ausgespro-chen verlockender Biergarten direkt am See wartet. Doch der Weg ist noch weit. Deshalb über-queren wir nach dem Seehaus die Fußgängerbrücke über den Mittleren Ring (schiebend!), steuern halbrechts das Gasthaus Hirschau an und folgen dort der Teerstraße entlang des Oberjägermeister-bachs. 2 km radeln wir so durch den schönen Landschaftsgarten, bis dann nach einem Weiher

Tourencharakter: Beschauliche, leichte Streckentour mittlerer Länge durch Isartal und Erdinger Moos. Keine Steigungen, verkehrsfreie Park- und Uferwege, Nebenstraßen durchwegs nur wenig befahren. Familienfreundlich.

Ausgangspunkt: Chinesischer Turm im Englischen Garten.

Endpunkt: Besucherpark des Münchner Flughafens.

Anfahrt: U3 oder U6 bis Universität oder Giselastraße.

Rückfahrt: Vom Flughafen zur Innenstadt mit S1 oder S8.

Streckenverlauf: Isarsteg Hirschau 5 km, Ismaning 8 km, Zengermoos 11 km, Hallbergmoos 6 km, Flughafen 8 km.

Alternative: Statt Schleife durch das Erdinger Moos Weiterfahrt an der Isar bis zur Brücke von Achering, dort rechts hoch bis zum Radweg der Autobahnzubringerstraße.

Wegweisung: Diverse Radschilder (siehe Tourenverlauf), Orts- und Straßenausschilderung.

Karte: München und Umgebung 1:100000, Bayerisches Landesvermessungsamt München.

rechts ein Weg abzweigt (Hilfsziel Rundbank mit Dach) und zu einem quer verlaufenden Sträßchen führt. Dort geht es links und nach knapp 600 m wieder rechts ab (Radschild Unterföhring), anschließend über die Isar und drüben auf dem Uferweg weiter

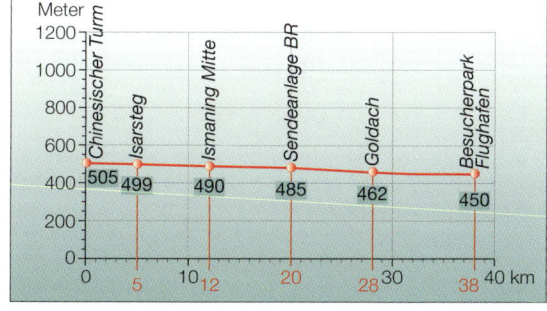

nach Norden. Auf dieser Strecke bieten sich in der Folge immer wieder schöne Ausblicke auf Isar und Flussauen.

Nach beschaulicher **Uferfahrt** von 6,5 km zweigt rechts ein Schotterweg ab (Vorsicht: Radschild Ismaning verdeckt!), führt *Gasthof Mühle in Ismaning.*

Essen und Trinken: Biergarten am Chinesischen Turm, Restaurant und Biergarten Seehaus am Kleinhesseloher See. Ismaning: Gasthof und Biergarten Mühle. Goldach: Gasthof Alter Wirt. Gaststätte im Besucherpark des Flughafens.
Sehenswertes: Ismaning: Pfarrkirche St. Johann Baptist mit Bauteilen aus dem 14. Jh., Schloss, heute Sitz des Ismaninger Rathauses. Flughafen-Besucherpark.
Fahrradverleih: Radverleih P. Holder im Hauptbahnhof (bei Gleis 31), Arnulfstr. 3 (Mai–Mitte Oktober täglich 10–18 Uhr), Tel. 089/59 61 13, Fax 089/59 47 14. Radverleih und Stadtführungen Spurwechsel, Ohlmüllerstr. 5, Tel. 089/692 46 99.
Information: Fremdenverkehrsamt München, Sendlinger Str. 1, 80331 München, Tel. 089/23 39 65 00, Fax 089/23 33 02 33, E-Mail: tourismus@muenchen.de, Internet www.muenchen-tourist.de; Flughafen: Besucherdienst, Führungen, Tel. 089 / 975-4 13 33.

zum Fichtenweg und dann zur Lindenstraße. Rechts abdrehend gelangen wir an der Isarau sowie auf Bahnhof- und Hauptstraße zum Kirchplatz in **Ismaning**. Anzumerken ist, dass dort nicht nur ein Schloss von 1530 (Ismaninger Rathaus) mit historischen Sälen steht, sondern auch der Gasthof und Biergarten Mühle, einer der renommiertesten Betriebe der Region.

Da der Isaruferweg zwar beschaulich, aber auf Dauer doch etwas eintönig ist, drehen wir ab Ismaning eine Schleife durch das Erdinger Moos. Falls Sie an der Isar bleiben wollen, radeln Sie zum Ufer zurück und dann 15 km nach Norden bis zur Autobahnbrücke der A 92. Dort führt rechts ein Sträßchen über die Bahn zu einer Autobahnzubringerstraße hoch.

Der Abstecher ins **Erdinger Moos** dagegen verläuft ab Kirchplatz auf Torfbahn-

Wenn das Wetter mitspielt, entfaltet das Erdinger Moos faszinierende Farb- und Lichtstimmungen.

und Mayerbacher Straße nach Osten hinaus. Wichtige nachfolgende Abzweigungen sind: nach 2,8 km links auf die Bruckmairstraße (Radschild Eichenried/Fischerhäuser); gut 1 km danach links auf die Moosstraße; wieder 1 km weiter rechts in die Senderstraße, die nach 2,3 km links abknickt (Radschild Eicherloh) und an einer **Sendeanlage** des Bayerischen Rundfunks vorbei zu einer Brücke über die Goldach führt. Dort rechts ab und nach

200 m links auf die etwas stärker befahrene Ismaninger Straße. Die Landschaft zeigt sich vollkommen eben, durchschnitten von zahlreichen Busch- und Baumreihen. Nahezu überall herrscht gute Weit- oder Rundumsicht.

Nächstes Ziel ist die **B 388**, die wir über Brennermühle und Freieneck erreichen. Dort folgen wir — 150 m rechts versetzt — der Goldacher Straße, nachdem wir mit besonderer Vorsicht die Bundesstraße überquert haben. Durch freundliche Moosgegend kommen wir nach **Goldach** und fahren hier noch 500 m nach Westen, um dann rechts auf der von zahlreichen Geschäften gesäumten Hauptachse (Freisinger- und Theresienstraße) durch **Hallbergmoos** zu radeln. Nach gut 2 km eine Kreuzung, dort geht es links auf die Ludwigstraße und 1 km danach rechts auf den Radweg Richtung Flughafen. Er unterquert nach 1 km die Autobahnzubringerstraße genau an der Stelle, wo das oben genannte Sträßchen von der Isar hochkommt. Wir folgen dem Radweg nach Norden, bis ein Schild Richtung Besucherpark durch eine kleine Straßenunterführung und vor zur Freisinger Allee leitet. Auf ihr gelangen wir nach knapp 2 km zum Aussichtshügel im **Besucherpark** des Flughafens.

Einparken der Jets, Starts, Landungen – vom Besucherhügel des Flughafens aus hat man alles im Blick.

> **Tipp** Wenn Sie an einem heißen Tag radeln und gerne eine Badepause einlegen möchten, bieten sich nahe der Strecke zwei Möglichkeiten: Der Unterföhringer See an der Nordwestecke von Unterföhring und die Freizeitanlage an der Birkenecker Straße in Hallbergmoos.

leicht

 36 km

↑ 30 m ↓ 50 m

3 Std.

AUSFLUG ZUM POINGER WILDPARK

Ostpark – Trudering – Keferloh – Grasbrunn – Zorneding – Ebersberger Forst – Anzing – Lindach – Poing

Der Wildpark in Poing ist mit seinem reichen Tierbestand ein attraktives Ziel für eine Radtour. Weitere Höhepunkte dieser Fahrt sind der Ostpark, die stillen Wälder des Ebersberger Forstes und einige sehenswerte Kirchen.

Tourenverlauf

An der U-Bahnstation fahren wir in den Ostpark ein, halten uns nach ca. 150 m links und steuern über den Ostparksee hinweg (Brücke) den **Michaeligarten** mit schönem Biergarten an. Lassen Sie sich bei der Fahrt durch den Park Zeit und genießen Sie die schönen landschaftlichen Bilder dieser Oase.

Vorne an der großen Heinrich-Wieland-Straße beginnt gegenüber die St.-Veit-Straße, deren Radweg wir für ca. 600 m nutzen. An einem schmalen Parkgrundstück schwenken wir rechts ein auf den Zwieselbergweg, durchfahren in gehobener Wohngegend den Grünstreifen, dann die Wald- und St.-Augustinus-Straße und stoßen nach Queren der Bajuwarenstraße auf die Feldstraße. Hier machen wir einen kurzen Rechts-Linksknick, folgen der Vogesenstraße und radeln beim schönen **Franziskaner-Biergarten** in Trudering über die Friedenspromenade weiter zur Markgrafenstraße. Dort rechts, nach 250 m wieder links und auf

Nach einem Rundgang im Ostpark lädt der Gasthof Michaeligarten am See-ufer zum Verweilen ein.

Tourencharakter: Mittellange, aber nur wenig anstrengende Tour durch bäuerliches Land im Osten Münchens. Nur vereinzelt kurze und leichte Anstiege. Straßen zu drei Viertel geteert, verstärkter Verkehr nur in den Außenbezirken der Stadt.
Ausgangspunkt: Ostpark in München.
Endpunkt: Wildpark in Poing.

Anfahrt: U 8 bis Michaelibad.
Rückfahrt: Mit der S 2.
Streckenverlauf: Trudering 5 km, Grasbrunn 8 km, Zorneding 6 km, Anzing 11 km, Poing 6 km.
Wegweisung: Orts- und Straßenausschilderung.
Karte: München und Umgebung 1 : 100 000, Bayerisches Landesvermessungsamt München.

dem Schramminger Weg ohne große Richtungsänderung durch Wald nach **Solalinden**. Nur einmal trifft man unterwegs auf eine Weggabel, dort muss man rechts bleiben.

In Solalinden biegen wir links ab, radeln an der »Griechischen Oase« mit verlockendem Biergarten vorbei und erreichen nach knapp 2 km die Kirche in **Keferloh**. Von außen recht unscheinbar, hat sie bei Kunstfreunden durchaus einen Namen. Einen Namen hat auch der Gasthof Kreitmair mit seinem Traditionsbiergarten, der einmal »Wohnzimmer Münchens« genannt wurde. Wir unterqueren die beim Kreitmair vorbeiführende große Straße und nehmen Kurs auf **Grasbrunn**. In dieser Gegend erweist sich die Landschaft als bäuerlich einfach. Es dominiert Ackerland, das oft von Waldgürteln umgeben ist. In Grasbrunn schlagen wir die Richtung nach Möschenfeld ein, biegen nach knapp 2,5 km links und nach weiteren 100 m rechts auf die von Alleebäumen bestandene Schotterstraße ab. Hier geht es auf jeden Fall weiter, auch wenn Sie einen kurzen

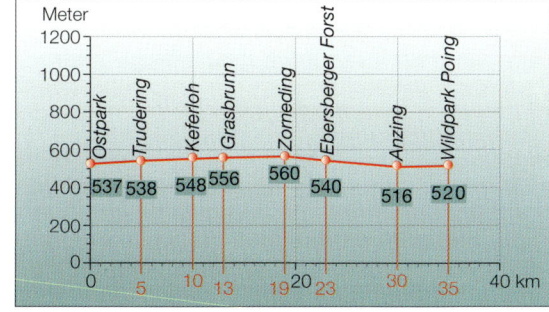

Tipp Wer auf Floh-
märkten gerne
Raritäten ersteht, sollte an
einem ersten Sonntag im
Monat zur Radtour nach
Poing aufbrechen. Dann
nämlich findet auf dem
Parkplatz des Gasthofes
Kreitmair in Keferloh jeweils
ein bunter **Flohmarkt** statt,
auf dem Sie so manches
Schnäppchen von Kunst bis
Krempel machen können.

Abstecher zum Gut Möschenfeld machen. Nach
1 km dann eine Teerstraße, auf der wir links nach
Zorneding kommen. Bleiben Sie am Ortsrand an der
Straßengabel rechts (Am Rain) und fahren Sie erst
an der Bucher Straße links in den Ort. Dann können
Sie am Gasthof Neuwirt die B 304 überqueren und
auf dem Schmiedweg zur Bahnhofstraße fahren. Sie
führt zu den Gleisen, die wir unterqueren, um dann
in bisheriger Fahrtrichtung auf der Anzinger Straße
aus dem Ort zu radeln.

500 m weiter bleiben wir an der Gabel auf der Anzinger Straße, biegen am Ortsende rechts Am Burg-
graben ab und nutzen den geradewegs zum Waldrand laufenden
Feldweg. Dort radeln wir 500 m nach links am Wald entlang, um
dann am Parkplatz dem u. a. nach Ebersberg weisenden Schild
nachzufahren. Wir folgen 400 m nach Waldeinfahrt links dem
Schotterstäßchen (Sulz – Geräumt), biegen gut 2,5 km danach

*Nördlich von
Zorneding:
aufwändig
gearbeitetes
Wegekreuz*

Essen und Trinken: Ostpark: Gasthof Michaeligarten
mit Biergarten. Trudering: Gasthof Franziskaner mit
Biergarten. Keferloh: Gasthof Kreitmair mit Biergarten.
Zorneding: Gasthof Neuwirt mit Biergarten. Anzing:
Gasthof Zum Kirchenwirt mit Garten (Mo Ruhetag).
Sehenswertes: Ostpark: Gepflegte Grünanlage an der
Heinrich-Wieland-Straße mit einem See im Zentrum
und diversen Einrichtungen, so dem Michaelibad, dem
Michaeligarten sowie Sportanlagen, u. a. einer Eis-
schnelllaufbahn, Tennisplätzen und der Bezirkssportan-
lage Nord. Im Winter auch Langlaufloipe und Rodel-
hang. In **Keferloh** die Kirche St. Aegidius, eine romanische Anlage mit Wandmalereien und gotischen
Holzfiguren. Weitere besuchenswerte **Kirchen** in Möschenfeld (St. Ottilie von 1640 mit reicher Stuckierung)
und in Anzing (St. Maria, frühbarocker Bau mit Holzem-
pore und sieben Altären).
Fahrradverleih: Radverleih P. Holder im Hauptbahnhof
(bei Gleis 31), Arnulfstr. 3 (Mai–Mitte Oktober täglich
10–18 Uhr), Tel. 089 / 59 61 13, Fax 089 / 59 47 14.
Radverleih und Stadtführungen Spurwechsel, Ohlmüllerstr. 5, Tel. 089 / 692 46 99.
Information: Fremdenverkehrsamt München, Sendlinger Str. 1, 80331 München, Tel. 089 / 23 39 65 00,
Fax 089/23 33 02 33, E-Mail: tourismus@muenchen.de,
Internet www.muenchen-tourist.de. Gemeindeverwaltung Poing, Rathausstr. 3, 85586 Poing b. München,
Tel. 08121 / 97 94-0, Fax 08121 / 97 94-49.

am Wegkreuz rechts (Hirsch – Geräumt) und nach weiteren 700 m an der nächsten Kreuzung (Kennzeichen Rundbank) wieder links ab und münden 10 Minuten später in die Verkehrsstraße, auf der wir geradewegs nach **Anzing** zur Kirche kommen. Nun folgt der Endspurt. Auf der Erdinger Straße geht es nach Norden aus dem Ort, über die Autobahnanschlussstelle hinweg und danach gleich links ab in Richtung Lindach. Wir halten uns dort an dem Schild Richtung Poing,

Scheue Begegnung im Wildpark Poing

radeln zunächst in freundlicher offener Landschaft, dann durch das Poinger Holz zum Ortsrand von **Poing** und rechterhand in den Ort hinein. Am Osterfeldweg machen wir eine letzte Rechtsschwenkung und erreichen nach kurzer Zeit den Eingang des Wildparks.

Tipp Nicht nur für Kinder einen Besuch wert ist der **Wildpark Poing**: 57 ha groß, ca. 3 1/2 km Wanderwege. Zu sehen sind u.a. Rot-, Dam- und Muffelwild, Wildschweine, Zwergziegen, Vögel und Fische. Außerdem Füchse, Marder, Iltisse, Sumpfbiber, Wasch- und Nasenbären sowie Wasserwild. Vorhanden sind auch Ponys und eine Spielburg. Geöffnet ist der Park ganzjährig, im Winter 11–16, im Sommer 9–17 Uhr.

Info Der **Ebersberger Forst**: Er ist ungefähr 90 km² groß, erreicht damit die Fläche des Chiemsees und gilt im übrigen als größtes zusammenhängendes Waldgebiet des deutschen Flachlandes. Es ist Lebensraum von Rot- und Damwild, Mufflons und Wildschweinen. Außerdem kann man im Forst vorgeschichtliche Gräberfunde und Reste einer Römerstraße im Nordteil besichtigen. Die Forsthäuser St. Hubertus und Diana sowie die Hohenlindener Sauschütt sind die bekanntesten Anlaufpunkte für Waldbesucher.

leicht

37 km

↑130 m
↓30 m

3 Std.

DURCH STILLE WÄLDER INS BIERDORF AYING

Deutsches Museum – Tierpark Hellabrunn – Deisenhofen – Brunnthal – Hofolding – Dürrnhaar – Aying

Zuerst geht es durch ausgedehnte Wälder im Süden Münchens, später auch über einfaches bäuerliches Land, dann sind wir in Aying. Der Ort besitzt im Zentrum ein sehenswertes Heimatmuseum und ein reizvolles dörfliches Straßenbild. Am berühmtesten aber ist sein Bier.

Tourenverlauf

Der Aufbruch erfolgt an der Ostseite des Deutschen Museums und zwar auf dem vorbeiführenden Radweg. Er lässt sich angenehm fahren und bleibt stets in Ufernähe. Wir schlagen Südrichtung ein, unterqueren nacheinander die Cornelius-, Reichenbach- und Wittelsbacher Brücke und sind angetan von der reizvollen Flusslandschaft und dem Freizeit-Flair im Isartal. Nachdem auch die Eisenbahn- und Brudermühlbrücke passiert wurden, erreichen wir die Thalkirchener Brücke, radeln – weiter parallel zur Isar – am Gelände des **Tierparks Hellabrunn** entlang und kommen zur Marienklausenbrücke.

Nun geht es links an der Marienklause vorbei hinauf zum Isarhochufer und oben schräg rechts gegenüber durch die Isenschmidstraße zum Theodolindenplatz. Auf dessen Gegenseite bringt uns die Theodolindenstraße über die

Tourencharakter: Streckentour, die bei geringen Steigungen kaum größere Anforderungen stellt. Landschaftlich von Wald und Ackerland geprägt. Straßen und Wege überwiegend geteert und bis auf wenige kurze Abschnitte verkehrsarm.
Ausgangspunkt: Deutsches Museum.
Endpunkt: Aying.
Anfahrt: U 1/8 bis Fraunhoferstraße oder S 5/6 bis Isartorplatz.

Rückfahrt: Von Aying zur Innenstadt mit der S 6.
Streckenverlauf: Giesinger Waldhaus 8 km, Kugleralm 6 km, Ulrichskapelle 8 km, Brunnthal 4 km, Dürrnhaar 6 km, Aying 5 km.
Wegweisung: Orts- und Straßenausschilderung.
Karte: München und Umgebung 1 : 100 000, Bayerisches Landesvermessungsamt München.

Seybothstraße hinweg geradewegs zum Perlacher Forst, an dessen Rand wir zum **Giesinger Waldhaus** vorradeln. Dort läuft rechts die Oberbiberger Straße, ein schönes Teersträßchen, in den Forst hinein. Damit lassen wir nach 8 km Fahrt die Stadt hinter uns.

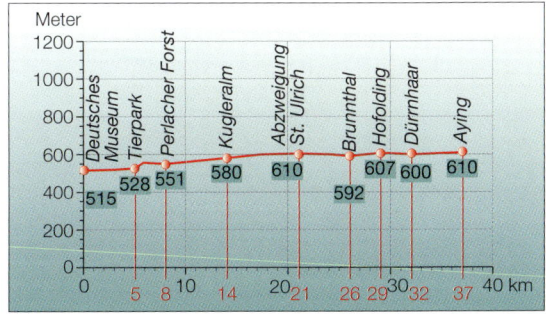

Die nächsten 5 km führen nun auf relativ offener Strecke durch den Perlacher Forst schnurgerade nach Süden bis zur Bahnunterführung. Danach verläuft die Route auf den folgenden 8 km stets an den Schienen entlang. Nächste Station ist die bekannte Ausflugsgaststätte **Kugleralm** mit ihrem beliebten Biergarten. Bevor Sie sich aber häuslich niederlassen, sollten Sie bedenken, dass noch gut 20 km bis zum Ziel in Aying zu bewältigen sind.

Die Forste um München, wie hier der Perlacher Forst, eignen sich bestens zum Radeln und Wandern.

Weiter geht es also an der Bahn entlang, wobei zwei Bahnunterführungen und drei Bahnübergänge passiert werden, bevor wir auf die Straße Deisenhofen – Endlhausen stoßen. Wir überqueren sie und radeln zwischen Waldrand und Schienen nach Südosten Richtung Sauerlach. Erneut kommen wir an einem Übergang vorbei, dann aber, ca. 1,3 km danach, folgen wir dem links unter der Bahn wegführenden Weg und kommen geradewegs zur **Kapelle St. Ulrich**. Dort halten wir uns rechts und stoßen kurz danach auf die B 13. Fortgesetzt wird schräg links gegenüber Richtung Otterloh und – auf dem Rad-

*Der Kirch-
turm mit
Zwiebel-
haube in Ay-
ing, eines der
Wahrzeichen
des Bier-
dorfes*

weg – nach Brunnthal. Die Landschaft dieses Abschnitts ist von Ackerbau geprägt, die Ausblicke sind nur begrenzt. In **Brunnthal** biegen wir im Zentrum rechts auf die Hofoldinger- und nach 100 m links auf die Riedhauser Straße.

Jetzt geht es nach Osten hinaus bis Riedhausen, dort rechts ab und nach Übergang in einen Feldweg durch ein Waldstück weiter nach Süden. Auf halber Strecke im Wald ist eine Weggabel, an der man rechts bleiben muss. Bald erreichen wir **Hofolding**, wo wir geradewegs in den Ort einfahren und dann links über Fichten- und Tannenstraße das Dorf Faistenhaar ansteuern. Wenn Sie an sakraler Kunst interessiert sind, sollten Sie den Kirchen in Hofolding und Faistenhaar einen kurzen Besuch abstatten, es lohnt sich in beiden Fällen!

In Faistenhaar wenden wir uns an der Ottobrunner Straße nach rechts und kurz danach an der Dürrnhaarer Straße wieder links und radeln hinüber nach **Dürrnhaar**. Dort fahren wir links in das Dorf, nehmen gleich die rechts abgehende Eg-

Essen und Trinken: Perlacher Forst: Gaststätte Kugleralm mit Biergarten. Brunnthal: Café/Restaurant Momm (Do Ruhetag). Hofolding: Gasthof Werner.
Faistenhaar: Landgasthof Altwirt mit Biergarten (Mo Ruhetag). Aying: Brauereigasthof Aying mit Innenhof, Liebhart's Bräustüberl mit Biergarten.
Sehenswertes: Hofolding: Kirche Hl. Kreuz von 1723, u. a. mit beachtlichen Fresken, Altären und Figuren. **Faistenhaar**: In der Kirche St. Peter und Paul von 1683 u. a. schöne ältere Schnitzfiguren und eine Votivtafel der Perlacher mit Sylvesterwallfahrt (1709).
Aying: Sehenswert neben dem schönen dörflichen Ortsbild ist auch die Kirche St. Andreas von 1655 mit reichverzierter Kanzel und lebensgroßem Kruzifix.
Fahrradverleih: Radverleih P. Holder im Hauptbahnhof (bei Gleis 31), Arnulfstr. 3 (Mai–Mitte Oktober täglich 10–18 Uhr), Tel. 089/59 61 13, Fax 089/59 47 14. Radverleih und Stadtführungen Spurwechsel, Ohlmüllerstr. 5, Tel. 089/692 46 99.
Information: Fremdenverkehrsamt München, Sendlinger Str. 1, 80331 München, Tel. 089/23 39 65 00, Fax 089/23 33 02 33, E-Mail: tourismus@muenchen.de, Internet www.muenchen-tourist.de; Gemeinde Aying, Kirchgasse 4, 85653 Aying, Tel. 08095/90 95–0.

matinger Straße, um dann direkt nach den Gleisen rechts auf das Furter Feld Richtung Aying einzuschwenken. Dies ist eine stille Route, die zum Teil im Wald verläuft und nach Austritt sogar Fernblicke auf die Alpenkette bietet. Gegen Ende sehen wir eine große Scheune und direkt danach eine Weggabel, von der die linke Abzweigung schließlich in die Ortsmitte von **Aying** verläuft.

> **Tipp** Attraktionen gibt es im **Tierpark Hellabrunn** in Hülle und Fülle. 1911 angelegt ist er als erster Geo-Zoo der Welt nach Kontinenten gegliedert. Er misst ca. 70 ha und beherbergt rund 5000 Tiere. Highlights sind die berühmte Freiflug-Volière, das Elefantenhaus, Urwalderlebnis im High-Tech-Dschungelzelt, Villa Dracula, berühmte Zuchtgruppen aus aller Herren Länder und natürlich spezielle Kinderstationen, wie Streichelzoo, Reitparcours und Eisenbahn. Geöffnet täglich 8–18 Uhr (Sommer).

Der Biergarten vom Ayinger Bräustüberl ist von Radlern sehr geschätzt und gern besucht.

leicht

 38 km

 ↑ 220 m ↓ 160 m

 3½ Std.

ÜBER DINGHARTING BIS WOLFRATSHAUSEN

Deutsches Museum – Tierpark – Pullach – Grünwald – Großdingharting – Aumühle – Wolfratshausen

Eine der beliebtesten Routen im Münchner Umland ist das südliche Isartal. Es kann durch anmutige Landschaft und schöne Radwege begeistern. Highlights in Dingharting sind ein Aussichtspunkt und ein Badeweiher. Der Schluss- spurt verläuft durch die Pupplin- ger Au.

Tourenverlauf

Wie schon bei Tour 5 führt der erste Abschnitt vom Deut- schen Museum entlang der Isar zur **Marienklausen- brücke**. Wir überqueren sie und eine zweite da- hinter, halten uns dann links und kom- men (Schild Wolf- ratshausen) im Hinterbrühler Park zum gleich-

namigen See und zum Gasthof **Hinterbrühl**. Hier geht es links ab, am Werkskanal ent- lang, an dem im Sommer Wildwasser- fahrer trainieren und gut 500 m hinaus, bis links ein Sandweg zum Ufer abgeht und an

Tipp! Wenn Kinder mitradeln, empfiehlt sich in Wolf- ratshausen ein Abstecher zum Märchenwald im Ortsteil Farchet. Beim Rundgang sind mehr als 20 Märchenszenen mit beweglichen Figuren zu sehen. Außerdem können diverse Spielgeräte ge- nutzt werden. (tgl. 9– 18 Uhr).

City **München** P A Dtsch. Museum

Thal- kchn.

Har- laching

Solln Großhesselohe

Waldwirtsch.

Pullach

Grün- wald

Wald- erlebniscenter

Frundsberger Höhe

Straßlach

Mühltal

Heilafing

Schäft- larn

Groß- ding- harting

Biergarten

Kloster Schäftlarn

Klein-

Ludwigs- höhe

Deininger Weiher

B 11

Aumühle Deining

Horn- stein

0   2 km   N

Pupplinger Au

Egerts- hausen

Aujäger

Puppling   Egling

S Wolfratshausen

Freizeit- park

Tourencharakter: Etwas längere Tour durch Isartal und Dinghartinger Land. Vor allem bis zur Ludwigshöhe des öfteren Anstiege, Straßen gut befahrbar bei meist nur schwachem Verkehr.
Ausgangspunkt: Deutsches Museum.
Endpunkt: Bahnhof Wolfratshausen.
Anfahrt: U 1/8 bis Fraunhoferstraße oder S 5/6 bis Isartorplatz.

Rückfahrt: Mit der S 7.
Streckenverlauf: Tierpark 5 km, Pullach 6 km, Grünwald 4 km, Großdingharting 9 km, Aumühle 6 km, Wolfratshausen 8 km.
Wegweisung: Radschilder Wolfratshausen, Orts- und Straßenausschilderung.
Karte: München und Umgebung 1 : 100 000, Bayerisches Landesvermessungsamt München.

den Fuß der Eisenbahnbrücke führt. Wir schieben rechts 150 m hinauf, biegen dann scharf links ab und unterqueren die Bahnlinie an der ersten Unterführung. In einem Rechts-/Linksknick kommen wir am Tennispark Großhesse-

lohe vorbei zur **Großhesseloher Waldwirtschaft**, einem der beliebtesten Münchner Biergärten.

An der Westseite des großen Parkplatzes setzt sich der Weg fort und führt an der Burg Schwaneck vorbei nach Pullach. Über Kirchplatz, Habenschadenstraße und Jos.-Breher-Weg durchfahren wir geradlinig den Ort und einen Park, münden dann in die verkehrsreiche Dr.-v.-Linde-Straße und radeln vorsichtig zur Grünwalder Brücke hinunter. Um den Autos beim Wiederaufstieg zu entgehen, biegen wir direkt nach der Brücke links in den Wald ab, schieben nach 150 m halbrechts den Hangweg hoch und fahren oben rechts auf Zeiller- und Rathausstraße am Schloss vorbei zum Marktplatz in **Grünwald**.

An dessen Südseite setzen wir die Fahrt Auf der Eierwiese und – links abknickend – Am Mauerberg und Am Koglerberg fort und

Das »Pfingstwunder« in der Pullacher Kirche ist eine wunderbare Schnitzarbeit von Erasmus Grasser aus München

treffen auf die große Tölzer Straße, wo wir rechts abbiegen. Am Waldfriedhof zweigt dann halbrechts der Mühlweg ab und durchquert geradlinig den Grünwalder Forst. Nach der Siedlung Frundsberger Höhe eine Gabel, an der wir links bleiben und so auf die Mühlstraße treffen. Wenn wir dort links und nach knapp 1 km wieder rechts einschwenken, führt

Info Die einzige guterhaltene mittelalterliche Anlage rund um München steht in **Grünwald**. Die Burg am Isarhochufer beherbergt ein Zweigmuseum der prähistorischen Staatssammlung (offen Mi–So von 10–16 Uhr).

Deininger Weiher

Das Kloster Schäftlarn

uns der Oberholzweg nach Hailafing, wo es nur noch ein Katzensprung bis **Groß-dingharting** ist.

Drei Dinge sind dort bemerkenswert: die qualitätsvolle Kirche in Großdingharting, der bekannte Aussichtspunkt Ludwigs-höhe in Kleindingharting und der Deinin-ger Weiher, ein beliebter Badesee unter-halb der Ludwigshöhe.

Je nach Interesse können Sie ab Großding-harting zwischen zwei (etwa gleich langen) Fortsetzungen wählen: Wenn sie sich für Kunst interessieren radeln Sie auf der Fuß-steiner Straße hinaus, über die Staatsstraße 2072 hinweg nach Beigarten und hinunter ins Isartal. Dort kann man in **Schäftlarn** die Klosterkirche besuchen, eine der prächtigsten Rokokokirchen Bayerns, die mit glanzvoller Ausstattung (u. a. von Johann Baptist Zimmermann und Johann Baptist Straub) begeistert. Dann radeln Sie am Ostufer des Isarwerkkanals weiter Richtung Wolfratshau-sen. Als Naturfreund fahren Sie nach **Kleindingharting** zur Lud-wigshöhe und machen dort ggf. einen Abstecher zum Deininger Weiher (knapp 1 km, Rückweg mit Steigungen!), um dann auf aus-sichtsreicher Strecke nach **Deining** hinunterzuradeln. Auf Höhe der Kirche geht es dann rechts nach Horn-stein und – 100 m rechts versetzt – auf steiler Strecke (18 %, loser Schotter, unbe-dingt schieben!) hinab zur **Aumühle** im Is-artal. Hier vereinigen sich die beiden Rou-ten wieder.

Falls Sie überhaupt nicht nach Großding-harting wollen, können Sie an der Gabel nach der Frundsberger Siedlung rechts ins **Mühltal** fahren und gelangen am Werks-kanal entlang und vorbei an der Schäft-larner Isarbrücke ebenfalls zur Aumühle. Die letzte Etappe ab Aumühle verläuft nun direkt am Isarwerkkanal entlang, durchquert das Naturschutzgebiet der Pupplinger Au und endet in Puppling. Dort geht es rechts auf einem Radweg über die Isar nach **Wolfratshausen** hinein.

Essen und Trinken: Hinterbrühl: Gasthof Hinterbrühl mit Terrasse. Großhesselohe: Großhesseloher Waldwirtschaft mit Biergarten. Pullach: Rabenwirt mit Terrasse. Grünwald: »Zur Eierwies'n« mit Garten. Großdingharting: Gasthof Killer. Isartal: Gaststätte Aumühle und Gasthaus Aujäger mit Garten (beide Mo, Di Ruhetage). Wolfratshausen: Hotel–Gasthof Humpelbräu (So ab 15 Uhr und Mo Ruhetage).

Sehenswertes: Deutsches Museum und Tierpark Hellabrunn siehe Tour 5. **Pullach:** Hochwertige Ausstattung der Hl.-Geist-Kirche (15. Jh.), u. a. spätgotische Schnitzwerke (»Pfingstwunder«, Werkstatt Erasmus Grassers) und gemalte Altarflügel (1489, Werkstatt Jan Polacks). **Gründwald:** Nahe dem Waldfriedhof an der Sauschütt ein Walderlebniszentrum mit Schwarzwildgehege und Erlebnispfad. **Kleindingharting:** Prachtaussicht auf das Alpenvorland und die Alpenkette u. a. mit Karwendel- und Wettersteingebirge genießt man von der Ludwigshöhe. Unterhalb der Höhe liegt der Deininger Weiher, ein kleiner, moorhaltiger und beliebter Badesee. **Isartal:** Die Pupplinger Au ist eine naturgeschützte Auenregion und eine der letzten Wildflusslandschaften. Spaziergänger können dort noch auf selten gewordene Pflanzen und Tiere treffen. **Wolfratshausen:** Besuchenswert sind nicht nur die beiden Kirchen St. Andreas und St. Laurentius, sondern auch das Heimatmuseum am Untermarkt 10 (offen Do 14–19 und So 14–18 Uhr).

Fahrradverleih: Radverleih P. Holder im Hauptbahnhof (bei Gleis 31), Arnulfstr. 3 (Mai–Mitte Oktober täglich 10–18 Uhr), Tel. 089/59 61 13, Fax 089/59 47 14. Radverleih und Stadtführungen Spurwechsel, Ohlmüllerstraße 5, Tel. 089/692 46 99.

Information: Fremdenverkehrsamt München, Sendlinger Str. 1, 80331 München, Tel. 089/23 39 65 00, Fax 089/23 33 02 33, E-Mail: tourismus@muenchen.de, Internet www.muenchen-tourist.de. Stadtverwaltung Wolfratshausen – Amt IV, Postfach 14 60, 82515 Wolfratshausen, Tel. 08171/214-0, Fax 08171/214-112, E-Mail: info@wolfratshausen.de, Internet www.wolfratshausen.de

Eine Gaudi der besonderen Art: Floßfahrt auf der Isar

○ leicht

⟷ 31 km

↑ 120 m ↓ 50 m

🕐 3 Std.

IM REIZVOLLEN WÜRMTAL NACH STARNBERG

Hirschgarten – Blutenburg – Gräfelfing – Stockdorf – Gauting – Mühlthal – Starnberg

Vom Hirschgarten aus steuern wir das vielerorts parkartige Würmtal an und durchqueren es nach Süden bis zum Starnberger See. Unterwegs begeistern die Blutenburg, gepflegte Grünanlagen, das romantische Tal südlich Gauting und die aussichtsreiche Abfahrt nach Starnberg.

Tourenverlauf

Ausgangspunkt ist der Hirschgarten, mit rund 8000 Sitzplätzen wohl der größte Biergarten Bayerns. Los geht es vom Eingang neben dem Gasthof. Wir schieben geradewegs durch den Biergarten an den Ständen vorbei, halten uns nach 200 m rechts und radeln zur De-la-Paz-Straße. Dort links ab, auf der Winfriedstraße vor zur großen Wotanstraße und drüben geradeaus weiter. Dann führt rechts das Sträßchen An der Schlossmauer durch Wiesenland zur links abgehenden Bärmannstraße. Ab hier folgen wir dem Schild Blutenburg. So werden wir zur Paul-Gerhardt-Allee geleitet, wo wir rechts für knapp 500 m fortsetzen, um dann links in den Park einzuschwenken. Nicht ganz 2 km danach erreichen wir die **Blutenburg**.

Nach einem Rundgang umfahren wir das imposante Bauwerk in einem östlichen Bogen und schlagen Südkurs ein. Ab hier bleiben Sie stets an der Würm oder in ihrer Nähe. Richtschnur sind die grünweißen Schilder »Gräfelfing« und – wenn sie fehlen – die blauen Radschilder. Befahren Sie keine für Fußgänger beschilderten Wege!

So radeln wir also im Zuge der Würm nach Süden. Wichtige Orientierungspunkte sind die Pasinger Eisenbahnunterführung gut 2 km nach der Blutenburg, der anschließende

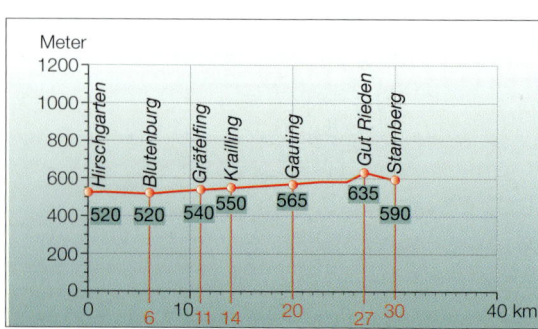

Tourencharakter: Kürzere familienfreundliche Tour durch das reizvolle Würmtal. Die Steigungen halten sich in Grenzen und sind nur leichter Art. Uferwege und Straßen lassen sich gut radeln, Verkehr lebt nur in einigen Ortszentren auf.
Ausgangspunkt: Hirschgarten.
Endpunkt: Starnberg, Uferpromenade.
Anfahrt: S 1–6 und 8 bis Laim.
Rückfahrt: Von Starnberg in die Innenstadt mit S 6.

Streckenverlauf: Blutenburg 6 km, Gräfelfing 5 km, Gauting 9 km, Mühlthal 5 km, Starnberg 6 km.
Abstecher: Ggf. vom Gasthaus Mühlthal nach Leutstetten (ca. 1 km einfach) mit sehenswerter Kapelle und schönem Biergarten.
Wegweisung: Radschilder (siehe Text Tourenverlauf) sowie Orts- und Straßenausschilderung.
Karte: München und Umgebung 1:100000, Bayerisches Landesvermessungsamt München.

Stadtpark von **Pasing** sowie die Überführung über die A 96. Damit befinden wir uns im Gemeindebereich von **Gräfelfing**. Jetzt müssen wir uns nach dem gelben Schild »Starnberg« richten. Bald münden wir in die Würmstraße ein, der u. a. die Stefanus- und Georgenstraße (Gemeinde **Planegg**) sowie Bräuhaus- und Margarethenstraße folgen. Schon sind wir im Ortsbereich von **Krailling**. Die nächsten Stationen sind – übergehend in den Gemeindebereich **Stockdorf** – der Mitterweg und die Zugspitzstraße, wo wir in ei-

Tipp Krönender Abschluss der Tour könnte eine **Schiffsrundfahrt** auf dem Starnberger See sein. Die große geht bis Seeshaupt, die nördliche über Possenhofen und Leoni nach Berg und zurück. Sie können auch »Auf königlichen Spuren« wandeln (historische Rundfahrt) und sich auf »Erlebnisfahrt« begeben. Info-Tel. 08151/8061 oder 12023.

Info   Gauting liegt in einem uralten Siedlungsgebiet, nach Funden reicht es bis in die Bronzezeit zurück. Später war es Kreuzungspunkt der Römerstraßen Salzburg – Augsburg und Augsburg – Kempten. Zu beachten sind u. a. die ehemalige Wallfahrtskirche Unserer Lieben Frau mit bedeutenden Fresken und Schnitzarbeiten (z. B. von Johann Baptist Straub) und das Schloss Fußberg, bekannt vor allem als einstiger Wohnsitz des Eremiten von Gauting. Reismühl am Ortsrand oder die weiter südlich gelegene Ruine Karlsburg gilt der Sage nach als Geburtsstätte Karls des Großen.

ner Rechts-/Linkskurve in die Waldstraße einfahren. Nach gut 1 km Walddurchfahrt stoßen wir wieder auf die Würm und steuern hier Gauting an. Rund 2 km danach leitet uns ein Schild Starnberg links an das Würmufer und zum Zentrum von **Gauting**. An der großen Kreuzung biegen wir links in die Münchener- und gut 400 m weiter rechts in die Leutstettener Straße.

Nun geht es wieder hinaus ins Würmtal, vorbei an der Reismühle und dann hinein in die Würm-Auen, die durch schöne Lichtstimmungen und romantische Flussbilder auffallen. Wir erreichen das Gasthaus Mühlthal an der Straße Gauting – Starnberg, biegen links (Radweg) und nach 250 m wieder rechts über die Würm ab und fahren – entgegen dem Schild Starnberg – rund 500 m hoch zum S-Bahnhof **Mühlthal**. Direkt nach der Bahnunterführung schwenken wir links ab, bleiben an der anschließenden Straßengabel links und kommen zum Gut **Rieden**, einer Golfanlage mit herrlichem Blick auf das Starnberger Becken und die Alpenkette. Auf diesem schönen und verkehrsarmen Sträßchen passieren wir später die Starnberger Sportanlagen, setzen gleich danach an der

Radeln entlang der Würm im Pasinger Stadtpark

Essen und Trinken: München: Gaststätte Hirschgarten mit Biergarten. Krailling: Gasthof Kraillinger Brauerei mit Biergarten. Obermühlthal: Wirtshaus Obermühlthal mit Biergarten. Starnberg: Gasthof in der Au mit Terrasse und Garten; Gasthof zur Sonne (Sa und So Ruhetage).
Sehenswertes: Nymphenburger Schloss und Blutenburg siehe Tour 2.
Fahrradverleih: Radverleih P. Holder im Hauptbahnhof (bei Gleis 31), Arnulfstr. 3 (Mai–Mitte Oktober täglich 10–18 Uhr), Tel. 089/59 61 13, Fax 089/59 47 14. Radverleih und Stadtführungen Spurwechsel, Ohlmüllerstr. 5, Tel. 089/692 46 99. Radhaus Starnberg GmbH, Jens Baier und Michael Worm, Wittelsbacherstraße 20, Tel. 08151/167 14.
Information: Fremdenverkehrsamt München, Sendlinger Str. 1, 80331 München, Tel. 089/23 39 65 00, Fax 089/23 33 02 33, E-Mail: tourismus@muenchen.de, Internet www.muenchen-tourist.de. Tourismusverband Starnberger Fünfseenland, Wittelsbacherstr. 2c, 82319 Starnberg, Tel. 08151/90 60-0, Fax 08151/90 60 90, E-Mail: info@sta5.de

Straßengabel links auf dem Riedener Weg fort und gelangen – nach Querung der großen Münchner Straße – über Leutstettener und Kaiser-Wilhelm-Straße zum Bahnhof in **Starnberg**. Auf seiner Gegenseite erstreckt sich die Starnberger Uferpromenade. Unser Ziel ist erreicht!

Nach den romantischen Talengen des Würmlaufs die Weite der Seenlandschaft, hier an der Starnberger Bucht

Info **Starnberg** ist ein beliebter Ausflugsort in reizvoller Lage am See mit schöner Strandpromenade. Im Ort erwähnenswert sind u. a. die Kirche St. Joseph, deren Hochaltar und Kanzel von Ignaz Günther stammen, das Heimatmuseum im Lochmannhof (Di–So 10–12 und 14–17 Uhr), dessen Glanzstück eine Heiligenfigur von Ignaz Günther ist, sowie das Schloss, 1244 erstmals erwähnt, heute Amtsgebäude. Sehenswert auch eine Reihe villenartiger Wohnbauten aus dem 19. und 20. Jh.

leicht

36 km

↑ 135 m
↓ 135 m

3½ Std.

EINE LÄNDLICHE RUNDE HINTER OLCHING

Olching – Palsweis – Lauterbach – Einsbach – Rottbach
– Maisach – Gernlinden – Olching

Die Amper- und Mühlbachauen in Olching wirken wie ein Stadt-park, vermitteln aparte Flussbilder und lassen sich entsprechend angenehm radeln. Danach folgt eine Rundfahrt durch einfaches bäuerliches Hügelland mit weiten Ausblicken bis zur Zugspitze.

Tourenverlauf

Zuerst fahren wir vom Bahnhof Olching vor zur Hauptstraße, dort links bis zum Nöscherplatz und dann nach rechts auf der Neu-Estinger Straße über den Mühlbach. Direkt nach der Brücke zweigt rechts ein Rad-/Fußweg ab, dem wir folgen. Damit beginnt unsere Tour mit einem besonders reizvollen Abschnitt: Der Weg läuft direkt am Ufer des Mühlbachs entlang und eröffnet schöne Ausblicke auf diesen der Breite nach ansehnlichen Bach und seine Auen. Wir unterqueren die Bahnlinie, bleiben am Ufer und wechseln erst am nächsten Holzsteg die Seiten. Drüben biegen wir am kleinen Kreisverkehr links in die Donaustraße (grünes Radschild Route 1) ab. Dann beginnt ein Radweg, der die

Tourencharakter: Rundtour durch bäuerliches Land, entspannend, trotz respektabler Länge und einiger Steigungen im Mittelteil. Die Straßen und Wege sind bis auf wenige Ausnahmen kaum befahren.
Ausgangs- und Endpunkt: Bahnhof Olching.
Anfahrt: Entweder mit Auto über Menzing/Aubing und Gröbenzell oder mit der S-Bahn (S8).

Streckenverlauf: Palsweis 10 km, Einsbach 5 km, Rottbach 8 km, Maisach 5 km, Olching 8 km.
Wegweisung: Radschilder (siehe Text Tourenverlauf) sowie Orts- und Straßenbeschilderung.
Karte: München und Umgebung 1:100000, Bayerisches Landesvermessungsamt München.

nächsten 1,3 km durch parkartige Auen zwischen dem Golfplatz Olching und dem Mühlbach führt und am Ende in die Schulstraße von **Geiselbullach** mündet. Links fortsetzend, kommen wir zum Gasthof Logo und biegen direkt danach an der Kapelle

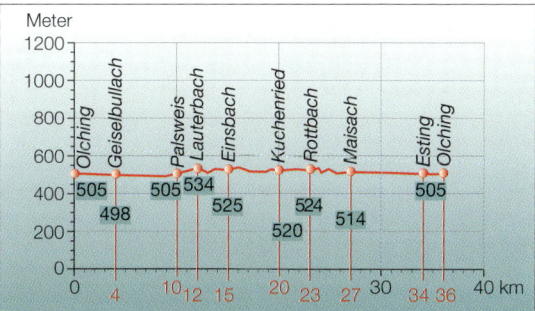

rechts auf das Teersträßchen ab. Die Landschaft, die jetzt auf der Runde nördlich von Maisach durchfahren wird, ist bäuerlich einfach und unverfälscht, übt aber in ihrer Stille und Friedlichkeit dennoch ihren Reiz aus. Wir überqueren die B 471, halten uns an der nächsten Kreuzung rechts und fahren dann über die A 8, um drüben weiter auf Nordkurs zu bleiben, übrigens mit weiten Ausblicken, u. a. auf die Bergkirchener Kirche. Nach gut 1,5 km eine Linksabzweigung, die uns nach **Palsweis** führt. Wenn Sie dort einen Blick in die Kirche St. Urban aus dem 17. Jh. (schöne Schnitzfiguren) geworfen haben, geht es weiter durch das Dorf

Die Fluss-auen entlang von Mühl-bach und Amper in Ol-ching erweisen sich landschaftlich als besonders reizvoll.

Dorfkirchen bergen so manche Kunstschätze, wie hier die wunderbare Schnitzma-donna mit Kind in der Kirche von Palsweis.

und den Schildern nach bis **Lauterbach**. Auch dessen Kirche St. Jakobus von 1670 mit kostbarer Ausstattung lohnt einen Be-such, während das daneben liegende Schloss (heutige Form aus dem 17. Jh.) nicht besichtigt werden kann.

In Lauterbach wenden wir uns nach Westen Richtung Eberts-hausen, unterqueren kurz nach Verlassen des Dorfes die A 8 und gelangen nach **Einsbach**. Wieder hinaus geht es strikt nach Westen auf der Windener Straße und nach knapp 1 km links ab, Richtung Wenigmünchen. War die Gegend zu Anfang völlig eben, radeln wir jetzt in leicht hügeligem Ackerland, das nach wie vor weite Ausblicke bis hinüber zum Wettersteingebirge mit

Essen und Trinken: Olching: Gaststätte Logo mit Biergarten. Einsbach: Gasthof zur Post mit Biergarten. Rottbach: Gasthaus Heinzinger (Di, Mi Ruhetage). Maisach: Bräustüberl mit Biergarten.

Sehenswertes: Olching: Reizvolle Flussauen zwischen Amper und Mühlbach, stellenweise parkartig mit schönen Flussbildern und Uferwegen. Im westlichen Teil Sportanlagen und ein Vogelpark (siehe Tippkasten). **Palsweis:** Kirche St. Urban, eine spätromanische Chorturmanlage. Zierstücke innen sind Altarfiguren der Münchner Schule am Choraltar und ein Holzkruzifixus (1600) an der Nordwand. **Lauterbach:** Spätgotische Kirche St. Jakobus d. Ä., 1670 stark verändert. Beachtung verdienen u. a. der Deckenstuck, gemalte Glasbilder, Schnitzfiguren (Luidl-Werkstatt) und Grabsteine, Bademöglichkeit: Olchinger See (hinter dem Bahnhof).

Information: Gemeindeverwaltung Olching, Rebhuhnstr. 18, 82140 Olching, Tel. 08142/ 200-0, Fax 08142/200-176.

Tipp Ein nicht alltägliches Erlebnis verschafft der Besuch im Olchinger Vogelpark am Volksfestplatz, Zuhause für 100 Vogelarten und über 500 Vögel. Zu sehen sind u. a. Stelzvögel, Enten und Schwäne sowie Greif- und Krähenvögel. Geöffnet ist der Park von April-Oktober an Sonn- und Feiertagen jeweils von 10–17 Uhr.

der Zugspitze ermöglicht. Kurz vor Wenigmünchen dann eine quer verlaufende Straße, wo wir links abbiegen und über Kuchenried und Deisenhofen das Dorf **Rottbach** erreichen. Wir setzen kurz nach der Kirche rechts Richtung Unterlappach fort und kommen nach lang gezogenem Anstieg zu einer mächtigen alten Linde, wo sich wiederum weite Aussicht bietet. 1 km danach nochmals ein schönes Landschaftsbild, dann passieren wir Diepoldshofen und treffen in **Maisach** ein.

Über Schul- und Kirchenstraße geht es zur Hauptstraße, dort links ab und gut 1,5 km nach Osten hinaus, um dann auf einem Radweg fortzusetzen. Dort wo nach 1 km die Ganghofer- in die Estinger Straße mündet, zweigt links ein Feldweg ab, dem wir nachfahren. Er macht gleich darauf einen Rechtsbogen und läuft zu einer Freizeit- und Sportanlage. Wir biegen nach dem Badeweiher rechts ab, folgen dann der Sportplatzstraße und stoßen auf eine Kreuzung am Ostrand von **Gernlinden**. Geradeaus führt die Straße über die Bahnlinie und macht danach eine markante Rechtskurve, an deren Ende scharf links (und etwas verdeckt) ein Feldweg u. a. Richtung Olchinger See abgeht. Er läuft hinüber zur B 471, wo wir

Über einem leuchtenden Rapsfeld thronen Kirche und Schloss von Lauterbach.

links den Radweg nutzen, nach rund 400 m die Bundesstraße unterqueren und geradewegs auf die Schlossstraße in **Neu–Esting** treffen. Nun folgt das Finale. Wir radeln an der Schlossstraße rechts nach Esting hinein und biegen nach gut 500 m links in die Amperauen ab (Radschild Route 1). Dieser Weg bringt uns zur Mühlbachbrücke in Olching zurück.

mittel

 28 km

 ↑ 180 m ↓ 180 m

 3 Std.

Zᴡɪsᴄʜᴇɴ Iɴᴅᴇʀsᴅᴏʀғ ᴜɴᴅ Aʟᴛᴏᴍüɴsᴛᴇʀ

Kloster Indersdorf – Arnbach – Eichhofen – Altomünster – Arnzell – Eichhofen – Markt Indersdorf

Das Dachauer Hinterland ist unverfälschtes Acker- und Wiesen-land, das durchaus seinen Reiz entwickelt. Die Eckpunkte der Tour, nämlich Indersdorf und Altomünster, sind indes mehr kunst-geschichtlich interessant: Die dortigen Klosterkirchen sind ein Muss.

Tourenverlauf

Vom Kloster Indersdorf radeln wir zunächst vor zur Ludwig-Thoma-Straße, hier links am Gasthaus Funk vorbei zur großen Dachauer Straße und dann rechts ab. Nach Überquerung der Glonn folgt ein Kreisverkehr, wo wir ganz links dem Schotterweg entlang der Glonn nachfahren. An der nächsten Brücke geht es erneut über die Glonn, dann mit schönen Ausblicken auf die Doppeltürme der Klosterkirche 200 m weiter an eine Weggabel und dort rechts durch die Sportanlage hindurch zur Straße In-dersdorf – Arnbach. Wir biegen dort rechts ab, verlassen aber die Straße nach 200 m wieder und folgen nun dem Schotterweg entlang der Bahnlinie. Um uns herum weites Acker- und Wie-senland, das schöne Rundsicht ermöglicht.

Gut 2 km bleiben wir an den Schienen, dann erreichen wir am Ortsrand von **Arnbach** eine Querstraße, wo wir nach rechts abschwen-ken. Recht gefällig ist die Landschaft hier und ge-

Tourencharakter: Rundtour kurzer Distanz mit beträchtlichen Steigungen. Die Straßen durch diese stille ländliche Gegend sind verkehrsarm und bei weiten Ausblicken angenehm zu radeln.
Ausgangs- und Endpunkt: Markt Indersdorf.
Anfahrt: Mit Auto über Dachau und Röhrmoos, per S-Bahn mit der S2/A.

Streckenverlauf: Bahnhof Arnbach 4,5 km, Eichhofen 4,5 km, Altomünster 7 km, Ottmarshausen 4 km, Eichhofen 3 km, Markt Indersdorf 5 km.
Wegweisung: Orts- und Straßenbeschilderung.
Karte: München und Umgebung 1 : 100 000, Bayerisches Landesvermessungsamt München.

währt weite Aussicht. Es geht wieder über die Glonn und hinüber nach **Hirtlbach**, wo wir nach lang gezogener Auffahrt Richtung Kirche in der Ortsmitte auf die Hofer Straße stoßen. Wenn man dort links und nach 300 m am Dorfende wieder rechts abbiegt, gelangt man auf einer Teerstraße (später Schotterweg) nach einigen kurzen Steigungen an eine Teerstraße am Südrand von **Eichhofen**, wo wir links fortsetzen.

Der nächste Abschnitt verläuft über die Weiler Riedhof und Happach nach **Schluttenberg** und dort hinunter zur Straße Eisenhofen – Altomünster. Auch diese Strecke weist wieder ein paar Steigungen auf, aber auch eine Abfahrt von Schluttenberg hinunter. Unten biegen wir rechts ab, durchfahren zuerst Deutenhofen und 1 km weiter **Stumpfenbach**. Die Gegend wirkt wie ein flaches Tal und hinterlässt einen einfachen bäuerlichen Eindruck. Noch gut 1,5 km haben wir jetzt auf einer ebenen Straße zu radeln, bevor wir in **Altomünster** an eine Querstraße und dort rechts hinauf zum Marktplatz kommen.

Wenn Sie sich in Altomünster umgesehen haben, geht es ab Marktplatz auf der Nerbstraße Rich-

Tipp Sie kennen den Birgitten-Orden nicht? Dann sollten Sie neben der Kirche das **Museum Altomünster** (Mi–Sa 13–16, So 13–17 Uhr) aufsuchen. Es ist vor allem der Geschichte dieses Ordens und seiner Gründerin, der hl. Birgitta von Schweden, gewidmet.

Stimmungsvolles Farbspiel in unverfälschter bäuerlicher Landschaft nahe Markt Indersdorf

Birgitten-kloster in Altomünster mit Kloster-kirche St. Alto von Johann Michael Fischer

tung Indersdorf wieder hinaus und 1 km danach links nach Breitenau ab. Sie könnten auch auf der großen Straße weiterradeln und kämen ohne weitere Richtungs-änderungen über Eich-hofen nach Markt Inders-dorf. Doch der hier empfoh-lene Abste-cher ist ab-wechslungs-reicher und führt zudem an einer Kel-tenschanze

vorbei. Wir radeln also in leichtem Auf und Ab nach **Breitenau**, wo wir in der Linkskurve der Straße dem rechts abgehenden Schotterweg folgen. Er führt zuerst am Waldrand entlang und dann in freundlicher Gegend hinüber an ein Sträßchen unterhalb von **Ottmarshausen**. Dort wenden wir uns nach rechts und 100

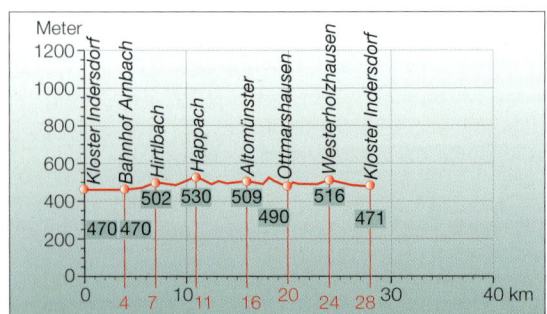

m weiter nach links auf den hochführenden Schotterweg. Er ver-läuft am Waldrand ent-lang, bietet weite Aus-blicke und macht dann eine deutliche Aus-buchtung nach links. An dieser Stelle liegt oben am Waldrand die **Keltenschanze**. Wie bei

Essen und Trinken: Markt Indersdorf: Gasthof Funk mit Biergarten (Mi Ruhetag); Klostergaststätte mit Biergarten. Altomünster: Maierbräu mit Terrasse (Di Ruhetag); Kapplerbräu mit Biergarten (Mo Ruhetag).
Sehenswertes: Markt Indersdorf: Klosterkirche des ehemaligen Augustiner-Chorherrenstifts, eine romanische Pfeilerbasilika von 1128 mit prachtvoller Rokokoausstattung. Zu nennen sind der Stuck, die Fresken und der Hochaltar, aber auch Bild- und Schnitzwerke.
Altomünster: Einziges Birgittenkloster Deutschlands mit der Klosterkirche St. Alto. 1763 von Johann Michael Fischer neu erbaut, dabei Abstufung des Bodens, um die Hanglage auszugleichen. Im Inneren herrscht üppige spätbarocke Ausstattung vor, aus der die Deckenfresken, der Wessobrunner Stuck sowie Plastiken und Grabdenkmäler herausragen.
Information: Gemeindeverwaltung Markt Indersdorf, Marktplatz 1, 85229 Markt Indersdorf, Tel. 08136/934-0.

solchen Schanzen üblich, ist auch diese Anlage mit ihren gut erkennbaren Wällen nicht sonderlich spektakulär. Mit etwas Phantasie aber lässt sich der Hauch der Geschichte durchaus erspüren.

Fortgesetzt wird auf dem Feldweg in bisheriger Richtung, dann stoßen wir in **Arnzell** auf die Dorfstraße und fahren links hoch zur Kirche. Direkt danach führt rechts ein Schotterweg ab und bringt uns – rund 1,3 km weiter – nach **Eichhofen**. Nun sind wir wieder auf der großen Straße Altomünster – Indersdorf, müssen vor Westerholzhausen noch einen kräftigen Anstieg bewältigen, um dann mit schönen Ausblicken auf die Klosterkirche Indersdorf nach weiteren 3 km in Markt Indersdorf einzutreffen.

Keine spektakuläre Ansicht, aber geschichtsträchtig allemal: Die Keltenschanze bei Arnzell

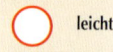

leicht

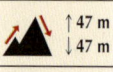

35 km

↑ 47 m
↓ 47 m

3 Std.

RUND UM DAS DACHAUER MOOS

Dachau – Karlsfelder See – Olympia-Regattaanlage –
Oberschleißheim – Riedmoos – Dachau

Prächtige Barockschlösser, verführerische Badeseen und Moos-
landschaft, das sind die Zutaten dieser abwechslungsreichen
Tour. Sie beginnt in Dachau, holt nach Süden über Karlsfeld und
Oberschleißheim aus und läuft durch das Dachauer Moos zurück.

Tourenverlauf

Vom Bahnhof in Dachau radeln wir auf der Bahnhofstraße vor
zur großen Münchner Straße, biegen dort links und nach 100 m
wieder rechts ab und fahren auf der Hermann-Stockmann-
Straße mit ihren ansehnlichen Häusern stadtauswärts. Nach einem Rechts-/Linksknick an der Zieglerstraße wechseln wir auf
die Langwieder Straße, die am Ostufer des Gröbenbachs entlang
führt und später die B 471 unterquert. 400 m nach der Unterführung läuft an einem Transformatorhäuschen links ein Feldweg zum **Waldschwaigsee**, wo man baden kann.
Der Weg läuft links am See entlang und trifft dann auf einen anderen Weg. Dort geht es links ab, am nächsten Sträßchen wieder
links, schließlich an einem Rei-
terhof vorbei und nach einem Rechtsknick der
Straße vor zur
Bahnlinie, wo
der Entenbach
und

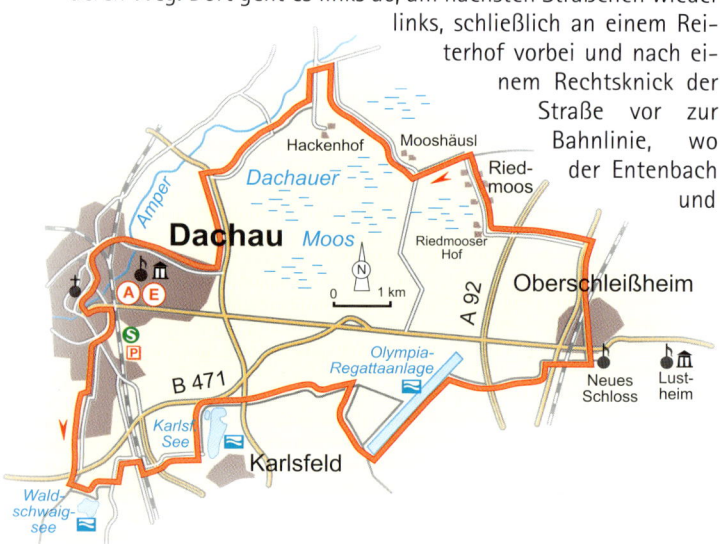

Oberschleißheim

Tourencharakter: Abwechslungsreicher Rundkurs in fast durchgehend flacher Moosgegend. Steigungen nur in Dachau selbst. Straßen verkehrsarm, einige Schotterwege etwas mühsam zu befahren.
Ausgangs- und Endpunkt: Dachau Stadtmitte.
Anfahrt: Mit Auto über Moosach und Karlsfeld, per S-Bahn mit der S2.

Streckenverlauf: Karlsfelder See 7 km, Regattaanlage 5 km, Schloss Oberschleißheim 5 km, Mooshäusl 7 km, Dachau Ost (Alte Römerstraße) 6 km, Dachau Bahnhof 5 km.
Wegweisung: Radschilder (siehe Tourenverlauf) sowie Orts- und Straßenausschilderung.
Karte: München und Umgebung 1:100000, Bayerisches Landesvermessungsamt München.

ein Fußgängersteg die Schienen unterqueren. Wir richten uns jetzt nach den gelben Schildern **Karlsfelder See**, überqueren die B 304 und landen schließlich auf dem Uferweg des Sees, wo wir links, also in Nordrichtung fortsetzen.

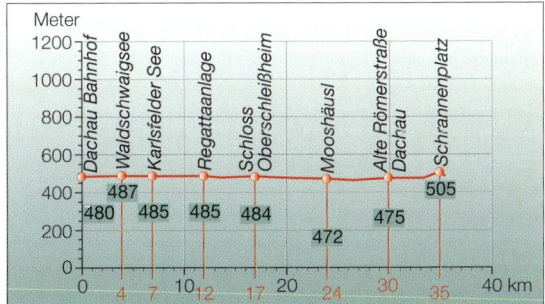

Dies ist ein sehr schöner Weg mit wechselnden Ausblicken auf See und Umgebung. Ab dem Nordufer folgen wir den Schildern Regattaparksee/Oberschleißheim. Weiter geht es mit der Unterquerung der Bajuwarenstraße, dann auf den Wiesenweg, schließlich durch das Naturschutzgebiet Schwarzhölzl. Dreimal wird ein Bach überquert, zuletzt der Kalter-

Die Dachauer Innenstadt.

bach. Hier weisen die Schilder nach links, wir aber biegen rechts auf die Schotterstraße ab und treffen nach gut 1 km auf den Eingang der **Regattaanlage Oberschleißheim**, einen der Schauplätze der Olympischen Sommerspiele 1972 in München.
Entlang der Ostseite der Regattastrecke radeln wir mit Aussicht auf diese imposante Anlage vor zur Haupttribüne. Hinter der Haupttribüne läuft – etwas versteckt am Waldrand – ein Weg in den Forst und führt über die A 92 hinweg zur Veterinärstraße in **Oberschleißheim**, auf ihr fahren wir in gerader Linie zur Schlossanlage. Im Wilhelmshof nutzen wir die Effnerstraße in Nordrichtung, überqueren die große Freisinger Straße und radeln nun die Mittenheimer Straße hinaus.

Vom Riesen-kran an der Regattaanlage Oberschleiß-heim stürzen sich die Bungee-Springer in die Tiefe.

Es geht über die Bahn, dann geradewegs über die Kreuzung am Bruckmannring und 300 m danach links ab in Richtung Riedmoos. Damit wird es wieder deutlich ruhiger und beschaulicher.

Die Gegend nimmt nun Züge einer Mooslandschaft an und bietet weite Ausblicke nach allen Seiten. Nach der Brücke über die A 92 treffen wir auf den Riedmooser Hof, schwenken nach Norden ein und radeln auf den folgenden 1,5 km durch **Riedmoos**. Dann ein Schild nach links Richtung Mooshäusl: Ein etwas holpriger Weg bringt uns zu dieser Einkehr, wo wir auf der Teerstraße den Weg fortsetzen. Wir sind nun mitten im Dachauer Moos, das heißt: völlig ebene Grünflächen, verstreute Baum- und Buschgruppen, weite Ausblicke. Aber auch reizvolle Farb- und Lichtstimmungen, je nach Tageszeit und Wetterlage.

Rechts: Enthält eine der berühmtesten Porzellansammlungen der Welt: das Gartenschlösschen Lustheim in Oberschleißheim.

Nächster Eckpunkt ist die Staatsstraße 2339, an der wir links auf den Radweg und vor der Amperbrücke wieder links in Richtung Hackenhof abbiegen. Wir passieren das Kies-Center

Ampermoching, leider nicht sehr ansehnlich, drehen knapp 300 m danach rechts auf den Waldweg ab und fahren nach weiteren 900 m am Straßendreieck geradeaus weiter (Neufeldstraße). Nach einem schlaglochreichen Abschnitt stoßen wir auf die Alte Römerstraße. Dort nutzen wir den Radweg in Südrichtung, kommen an der KZ-Gedenkstätte vorbei und biegen an der Sudetenlandstraße rechts ab. Den Schildern Altstadt folgend, erreichen wir den Schrannenplatz im Zentrum von **Dachau**, wo man nun die Besichtigungen angehen kann.

Essen und Trinken: Dachau: Gasthof Zieglerbräu; Gasthof Drei Rosen mit Biergarten (Mo und Di Ruhetage). Karlsfelder See: Karlsfelder Seehaus mit Biergarten. Oberschleißheim: Schlosswirtschaft mit Biergarten (Mo Ruhetag). Dachauer Moos: Mooshäusl (Mo Ruhetag).
Fahrradverleih: Rund ums Fahrrad, Raimund Kessler GmbH in Dachau, Wallbergstraße 18; Tel. 08131 / 21 892.
Information: Tourist-Info Dachau, Tel. 08131 / 75-286; Fax 08131 / 75-150.

Schlösser im nördlichen Umland

Das **Dachauer Schloss,** 1579 erbaut und 1717 barock umgestaltet, war erste Sommerresidenz der Wittelsbacher. Berühmt sind das Treppenhaus und der Festsaal, der mit seiner prächtigen Holzdecke als einer der bedeutendsten Renaissance-Säle nördlich der Alpen gilt.

Die Schlossanlage in **Oberschleißheim** besteht aus drei Schlössern: das Alte Schloss von 1623; das Neues Schloss, ab 1701 errichtet (Zuccalli, Effner), mit glanzvollen Räumen, so das großzügige Treppenhaus, die Festsäle im Obergeschoss und die Gemächer des Kurfürstenpaares; das Jagd- und Gartenschlösschen Lustheim (1689), erbaut anlässlich der Vermählung von Kurfürst Max Emanuel mit der Kaisertochter Maria Antonia. Lustheim beherbergt die – neben der Dresdner Kollektion – bedeutendste und kostbarste Sammlung der Welt an Meißener Porzellan. Schlosspark zwischen Neuem Schloss und Lustheim. Besichtigung der Schlösser von Di–So 9–18 Uhr (Winter 10–16 Uhr).

leicht

31 km

↑ 65 m
↓ 65 m

2½ Std.

IN DER ÄLTESTEN STADT AN DER ISAR

Neufahrn – Isarufer – Isarbrücke Achering – Freising – Weihenstephan – Pulling – Neufahrner Mühlseen – Neufahrn

---

Freising älter als München? So ist es! Entsprechend reichhaltig ist auch das Angebot an Kultur und Geschichte in der Stadt. Unsere Reise dorthin hat zwei Gesichter: den stimmungsvollen Kurs am Isarufer nach Norden und die beschauliche Rückfahrt im Freisinger Moos.

Tourenverlauf

Das Wahrzeichen Freisings: Die Doppeltürme des romanischen Doms auf dem Domberg

Von einer eventuellen Besichtigung der Neufahrner Pfarrkirche abgesehen, verläuft die Route dieser Tour vom S-Bahnhof zunächst ein kurzes Stück auf der Bahnhofstraße ortseinwärts, schwenkt dann links auf den Galgenbachweg ein und führt hinüber nach **Mintraching** in die Ortsmitte. Hier geht es links an der Kirche vorbei, am gleich folgenden Denkmal wieder links und schließlich rechts in den Isarweg. Wir überqueren mit Vorsicht die B 11 und erreichen die **Isarauen**. Es folgt eine Gabel, wo wir die Abzweigung zur Freisinger Isarbrücke wählen, dann mündet die Route in den eigentlichen Uferweg.

Die nächsten 10 km sind zur Kategorie »Genussradeln« zu zählen. Sie verlaufen direkt am Fluss und liefern mit den Wasserspielen der Isar und der reizvollen Auenbewachsung, zu der auch alte Baumalleen gehören, stimmungsvolle Flussbilder. Der Uferweg ist gut befahrbar und frei von Autoverkehr. Markante Orientierungspunkte sind nach rund 3 km Uferfahrt die Autobahnbrücke und die danach folgende Acheringer Isarbrücke sowie eine Straßenbrücke gut 2 km südlich von Freising.

Bei der Einfahrt in **Freising** passieren wir bei schönen Blicken zum Domberg zuerst die Korbinianbrücke und stoßen dann auf

Tourencharakter: Leichteste Tour dieses Buches, bedingt durch die Kürze des Rundkurses und fehlende Steigungen. Mit Isartal und Freisinger Moos erlebt man landschaftlich zwei Gesichter. Störender Verkehr nur in Freising. Straßen und Wege problemlos zu befahren.

Ausgangs- und Endpunkt: Neufahrn bei Freising.

Anfahrt: Mit Auto über A 9 oder B 11, per S-Bahn mit der S 1.

Streckenverlauf: Isarufer Mintraching 3 km, Acheringer Isarbrücke 3 km, Marienplatz in Freising 9 km, Pulling 7 km, Moosmühle 5 km, Neufahrn 4 km.

Wegweisung: Radschilder (siehe Tourenverlauf) sowie Orts- und Straßenbeschilderung.

Karten: München und Umgebung 1:100000, Bayerisches Landesvermessungsamt München; Kompass Wanderkarte 1:50000, Blatt 183 Freising – Erding, Markt Schwaben.

die Luitpoldbrücke. Dort biegen wir links auf die Isarstraße, radeln gut 500 m zur ersten großen Kreuzung und folgen links auf der anderen Seite der etwas verdeckten Gen.-v.-Nagel-Straße. Sie mündet in die Untere Hauptstraße, auf der wir zum Marienplatz, dem Zentrum der Stadt, kommen. Freising ist die älteste Stadt an der Isar und hält demzufolge auch hochrangige Sehenswürdigkeiten bereit. In die engere Besuchswahl sollten Sie den Domberg, das Prämonstra-

Freising

Tipp Im Weihenstephaner Bräustüberl wurde nicht nur das erste Bier ausgeschenkt, hier wurde auch der »Obatzde« erfunden, das berühmte Gemisch aus Camembert und Butter, gewürzt mit Zwiebeln, Paprika und Kümmel. Dazu ein dunkler Korbinian-Bock. Herrlich!

Essen und Trinken: Neufahrn: Gasthaus Maisberger mit Garten (Mo Ruhetag); Mooswirt am Neufahrner Mühlsee mit Terrasse (Di Ruhetag außer Sommermonate). Freising: Bräustüberl in Weihenstephan mit Biergarten. Pulling: Gasthof Alter Wirt mit Biergarten (Mi Ruhetag).

Sehenswertes: Neufahrn: Kirche Hl. Geist mit guter Ausstattung, u. a. geschnitztes Kruzifix, Gemälde und Figuren. **Freising:** Dom St. Maria und St. Korbinian, romanische Backsteinbasilika, 1724 barock ausgeschmückt (Gebrüder Asam). Auffallend vor allem der Hochaltar, die prächtige Kanzel, das Chorgestühl und alte Grabsteine. In der Krypta der Schrein des Hl. Korbinian und die berühmte »Bestiensäule«. Das Diözesanmuseum auf dem Domberg (Di–So 10–17 Uhr) ist größtes Museum für christliche Kunst in Deutschland und zeigt Bilder, Textilien und Goldschmiedearbeiten aus neun Jahrhunderten. Besuchenswert ist auch das Heimatmuseum (Öffnungszeiten unter Tel. 08161/54-222).

Fahrradverleih: Fahrrad Röckemann, Christl-Cranz-Str. 2, 85375 Neufahrn b. Freising, Tel. 08165/71 48.

Information: Gemeindeverwaltung Neufahrn b. Freising, Bahnhofstr. 32, 85375 Neufahrn b. Freising, Tel. 08165/607-0. Touristinformation der Stadt Freising, Marienplatz 7, 85354 Freising, Tel. 08161/54-122, Fax 08161/54-231, E-Mail touristinfo@freising.de, Internet www.freising.de

tenserkloster Neustift Peter und Paul (Alte Poststraße) und das Heimatmuseum ziehen.

Was immer Sie auch anschauen, weiter geht es ab Marienplatz auf der Oberen Hauptstraße und an deren Ende halblinks drüben auf dem Weihenstephaner Fußweg. Er führt zum Teil steil nach oben und hat bis zum Bräustüberl mit seinem schönen Biergarten eine Länge von ca. 800 m. Schieben Sie das Rad bitte auch dort, wo Sie fahren könnten; wie gesagt: Es ist ein Fußweg! Unterwegs passieren Sie übrigens die Weihenstephaner »Themengärten«, wie z. B. einen Bauerngarten oder einen Apothekergarten.

Das Freisinger Moos. Ob Sie nun im Bräustüberl das Bier der ältesten noch betriebenen Brauerei der Welt probieren oder nicht, fortgesetzt wird die Tour in bisheriger Richtung, wobei man nach gut 200 m auf den

Weihenstephaner Steig trifft, der rechts hinunterführt nach **Vötting**. Wir münden in die Griesfeld- und 100 m danach links in die Giggenhauser Straße und radeln nun wieder in die freie Natur hinaus. Nach gut 1 km dann ein Schild Richtung Pulling, dem wir folgen. Damit betreten wir das **Freisinger Moos**.

Seine Merkmale hier sind weite grüne Flächen, durchschnitten von Buschreihen und schöne Rückblicke auf Weihenstephan und Domberg. Wir durchfahren **Pulling**, halten uns an der Gabel ca. 300 m nach der Kirche rechts (Giggenhausen!) und genießen nach dem Dorf wieder die anmutige Mooslandschaft und die Ausblicke. Dann eine quer verlaufende Straße, an der wir rechts abbiegen, um nach weiteren 2 km nach links wieder auf Südkurs zu gehen (Schild Fischzucht **Moosmühle**).

Nach gut 700 m stoßen wir ein letztes Mal auf eine Straßengabel und radeln hier links weiter. Wir passieren noch einige schön gelegene Höfe und biegen schließlich 300 m vor der Autobahnüberführung

Hier ist der Sprung ins Wasser ein ungetrübter Genuss: Der Neufahrner Mühlsee mit dem Mooswirt.

Info Besuchen Sie doch die ehemalige Benediktinerabtei **Weihenstephan**, heute Hochschule für Landwirtschaft und Gartenbau, Brauereiwesen, Lebensmitteltechnologie und Milchwissenschaften. Die Bayerische Staatsbrauerei braut Bier seit dem Jahr 1040 und ist heute älteste noch betriebene Braustätte der Welt. Sehenswert auch die Gartenanlagen, so ein Sichtungsgarten, Schaugarten und diverse Themengärten am Weihenstephaner Fußweg.

rechts zum **Mooswirt am See** ab. Von dort führt uns ein Radweg in Südrichtung zum S-Bahnhof Neufahrn zurück.

leicht

31 km

↑ 90 m
↓ 90 m

3 Std.

BESCHAULICHES RADELN IM ERDINGER MOOS

Erding – Stammham – Moosinning – Lüß –
Oberneuching – Wörth – Niederwörth – Erding

Neben Dachau und Freising das dritte ausgedehnte Moos im Norden, zeigt das Erdinger Moos heute seinen landschaftlichen Reiz: weite, ebene Flächen, verstreute Baum- und Buschreihen, Birkenalleen, viele Weiher und kleine Seen und fast überall Fernsicht rundum.

Tourenverlauf

Vom Schrannenplatz in Erding geht es auf der Münchener Straße stadtauswärts, wobei wir direkt nach der Semptbrücke einen kurzen Rechts-/Linksknick in den Aufkirchner Weg machen. Die weiteren Stationen: Vinzenzstraße, links in die Siglfinger Straße, über die Dachauer Straße, Gleiwitzerstraße, links in die Liegnitzer Straße, rechts in die Bajuwarenstraße, vor zur Kreuzung am Neuen Friedhof. Nun wird die Streckenführung wieder einfacher. Wir radeln nach Westen bis Ziegelstatt, biegen rechts ab und kommen in leicht welligem Acker- und Wiesenland über Stammham nach **Kempfing**. Nach kurzer Rechts-/Linksbiegung im Ort treffen

Tourencharakter: Gemütliche Rundtour im Erdinger Moos. Straßen und Wege meist in gutem Zustand und nur vereinzelt durch stärkeren Verkehr belastet. Familienfreundlich.
Ausgangs- und Endpunkt: Schrannenplatz in Erding.
Anfahrt: Mit Auto über A 94 und Markt Schwaben oder über B 388. Per S-Bahn mit der S 2.

Streckenverlauf: Stammham 4 km – Moosinning 5 km, Oberneuchingermoos 5 km, Oberneuching 5 km, Wörth 3,5 km, Erding 8,5 km.
Wegweisung: Orts- und Straßenbeschilderung.
Karte: München und Umgebung 1 : 100 000, Bayerisches Landesvermessungsamt München.

wir bald auf die Straße Moosinning – Notzing und nutzen den Radweg nach links. 500 m weiter zweigt rechts ein Sträßchen nach Schnabelmoos ab.
Hier bestimmen Äcker, Wiesen sowie Baum- und Buschreihen das Bild der Landschaft, typischer Mooscharakter zeigt sich nur vereinzelt.

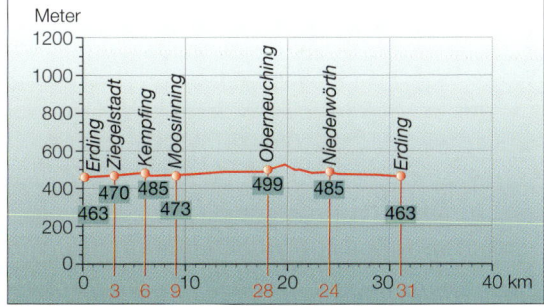

Wir radeln also konsequent nach Westen, lassen **Schnabelmoos** hinter uns und kommen gut 500 m nach dem Dorfen-Bach an eine Linksabzweigung. Auf diese schwenken wir ein, fahren kurz darauf über die B 388 hinweg und biegen 150 m danach rechts in die Fichtenstraße. Damit sind wir im Sport- und Freizeitgelände **Moosinning**. Ob Sie dort ein kühles Bad nehmen oder nicht, auf der Fichtenstraße geht es weiter hinaus, aber nur ca. 900 m, dann zweigt links erneut ein Sträßchen ab und mündet nach 200 m in eine andere Straße. Rechts fortsetzend, kommen wir später an den Moosinninger Mooshäuseln vorbei, treffen wiederum auf ein Teersträßchen und folgen drüben dem holprigen Schotterweg. Er verbindet uns mit der Straße Eicherloh – Neuching, die wieder genussvolles Radeln garantiert, für uns in Ostrichtung. Die Gegend hier zeigt etwas mehr Moorcharakter, die Landschaftsbilder werden gefälliger, die Blicke reichen

Der Erdinger Stadtpark

weit hinaus. Wir treffen in Lüß ein, wo die Straße Neuching – Neufinsing überquert wird, und radeln weiter nach Osten. Passiert werden noch ein Freibad und der Isarkanal, dann treffen wir in **Oberneuching** ein.

An der Kirche geht es rechts weiter, nach 200 m links in den Wagnerweg, dann über die Hauptstraße hinweg und auf der Luppergstraße zur Anhöhe hinauf. Kein gewöhnlicher Buckel, sondern einer, der umfassende Weitsicht nach allen Seiten gewährt. Drüben fahren wir wieder hinunter, münden nach einer S-Kurve in eine Teerstraße und kommen unten an eine Bahnunterführung. Direkt danach führt ein Radweg links zur S-Bahnstation **St. Kolomann**, wo unser Schlussspurt ansteht.

Gegenüber der Bahnstation läuft eine Straße in die Semptniederung nach Wörth, wo gleich nach Ortseinfahrt links eine andere Straße nach Niederwörth abgeht. Mit schönen Ausblicken auf die Sempt und ihre Auen erreichen wir **Niederwörth**, radeln dort links hinunter zur Sempt und weiter zu einem Wegedreieck, dessen rechte Abzweigung nach Norden führt. Wir bleiben konsequent auf diesem Sträßchen, unterqueren später die B 388 und gelangen 500 m danach – rechts abdrehend – über Rotwand- und Landgerichtsstraße direkt zur sehenswerten Kirche Maria Verkündigung in **Altenerding**.

Ein Plätzchen zum Verweilen in Erding.

Essen und Trinken: Erding: Gasthof Mayr-Wirt (Sa Ruhetag); Gasthof Erdinger Weißbräu. Moosinning: Gasthof Maier-Wirt mit Biergarten (Mo Ruhetag). Wörth: Gaststätte Klösterl (Mo Ruhetag). Altenerding: Parkcafé mit Garten (Di und Mi Ruhetage).
Sehenswertes: Erding: Malerisches Stadtensemble mit Frauenkirche, Rathaus und Landshuter Tor am Schrannenplatz. In der gotischen Hallenkirche St. Johannes fallen u. a. ein Triumphbogenkruzifix, spätgotische Schnitzfiguren und Rittergrabsteine ins Auge. Auch die barocke Wallfahrtskirche Hl. Blut von 1675 lohnt mit ihrer reichen Ausstattung einen Besuch. Das gilt nicht zuletzt für die Altenerdinger Pfarrkirche, die im hellen Innern mit festlichem Rokokoschmuck (Altäre, Kanzel, Bilder und Figuren) aufwarten kann. Zu empfehlen sind auch das Städtische Heimatmuseum (So 14–17 Uhr) und das Freilichtmuseum des Landkreises Erding am Entenweiher (Sa/So 10–17 Uhr).
Fahrradverleih: Fahrrad Bauschmid & Sohn in Erding, Haager Straße 10, Tel. 08122/902533.
Information: Fremdenverkehrsamt der Stadt Erding, Landshuterstr. 1, 85435 Erding, Tel. 08122/4080, Fax 08122/408500, E-Mail stadtverwaltung@erding.de, Internet www.erding.de

Nun folgen wir neben der Kirche der Pfarrer-Fischer-Straße und treten nach Querung der Bahn rechts in den Erdinger Stadtpark, auch Englischer Garten Erdings genannt. Durchqueren darf man ihn freilich nur zu Fuß (ca. 15 Min.), also heißt es schieben. Zu Beginn halten wir uns rechts, dann entlang der Sempt. Nicht lange danach stehen wir wieder am Schrannenplatz in Erding.

Karibische Impressionen in der Erdinger Therme, dem »Wohlfühlbad« in Deutschland schlechthin

Tipp In der Erdinger Therme erwarten Sie in einer karibischen Oase 12 Becken mit 1400 m² Thermalwasserfläche, hunderte von Palmen, des weiteren Farb- und Aromaräume, Massagedüsen, Nackenduschen, Saunapark – kurzum alles, was Ihrem Wohlbefinden dienlich ist. Überspannt wird das Ganze von der größten zu öffnenden Kuppel Europas – sie hat 56 m Durchmesser! Regen kann Ihren Karibikträumen also nichts anhaben. Geöffnet hat die Therme werktags 10–23, am Wochenende 9–23 Uhr.

mittel

39 km

↑ 190 m
↓ 190 m

4 Std.

IMPRESSIONEN AUS DEM ISENGAU

Forstinning – Herdweg – Wimpasing – Pastetten –
Mitterbuch – Innerbittlbach – Isen – Forstern –
Forstinning

*Touristisch ist der Isengau noch immer ein Mauerblümchen, trotz
unverkennbarer Vorzüge: Stille, friedliche Buckellandschaften,
bezaubernde Täler, reiches Kulturerbe. Ein Geheimtipp für Radler!
Ziel der Tour ist Isen mit seiner dem Freisinger Dom nachempfun-
denen Kirche.*

Tourenverlauf

Im Forstinninger Ortsteil Schwaberwegen liegt der Gasthof Vaas,
der vor einigen Jahren im Wettbewerb Bayerische Küche ausgezeichnet wurde. Vielleicht nehmen Sie dort erst eine kleine Stärkung zu sich, bevor es dann auf der Graf-Sempt-Straße an der
Kirche hinausgeht. Nach der Brücke über die B 12 passieren wir
auf angenehmer Strecke die Weiler Sempt und Wind, biegen an
der Straße Markt Schwaben – Pastetten links und gleich wieder
rechts ab und stoßen, nachdem wir geradewegs durch **Herdweg**
gefahren sind, auf eine Bahnunterführung. Direkt danach geht
es rechts an der Bahn entlang und nach 400 m rechts hoch nach

*Kunstvoll ge-
arbeitetes
Grabkreuz
auf dem
Friedhof an
der Isener
Kirche*

Wimpasing. In leicht hügeligem Gelände
führt die Route weiter bis Grund, dort rechts
abzweigend nach Taing und weiter bis Zei-
lern, wo gegen Ortsende links ein schönes
Radlsträßchen in ansprechender Landschaft
nach **Pastetten** verläuft. Dort folgen wir, kurz
vor der Durchgangsstraße, links der Raiffei-
senstraße, münden an der Kirche wieder in
die Hauptstraße ein und biegen 150 m danach rechts in die Schulstraße ab.
Die nächsten 4 km verlaufen schnurgerade
nach Osten, lassen sich trotz einiger leichter
Steigungen angenehm radeln und bieten
weite Ausblicke auf das Umland. Wir durchqueren zuerst Reithofen und treffen später in
Mitterbuch auf die Straße Buch – Hohen-
linden. Ein kurzer Rechts-/Linksknick und
wir befinden uns auf dem Bründlweg, der

Tourencharakter: Dieser Rundkurs ist etwas länger und stellt bei Steigungen von fast 3 km mittlere Anforderungen. Die Straßen sind durchwegs verkehrsarm, Wald- und Feldwege nur an wenigen Stellen etwas schlechter befahrbar.
Ausgangs- und Endpunkt: Ortsmitte von Forstinning.

Anfahrt: Mit Auto über die A 94.
Streckenverlauf: Eisenbahnbrücke Ottenhofen 5 km, Pastetten 5 km, Mitterbuch 5 km, Innerbittlbach 6 km, Isen 4 km, Forstern 8 km, Forstinning 6 km.
Wegweisung: Orts- und Straßenbeschilderung.
Karte: München-Ost, Ebersberg – Erding, 1:50000, Bayerisches Landesvermessungsamt München.

hinausführt in einen etwas schwierigeren Abschnitt. Er wurde gewählt, weil dadurch rund 4 km stärkerer Verkehr umgangen werden. Der Bründlweg geht später in einen Schotterweg über, der nach einer S-Kurve über eine Wegekreuzung hinweg zum Kaltenbach hinunterläuft.

Unten biegen wir links ab (nicht zum Bach hinab!) und schieben nach dem Behelfsbrücklein den Pfad hoch, um auf dem Weg weiterzuradeln. Damit liegt die Problemstelle bereits hinter uns. 400 m danach münden wir in einen anderen Weg, radeln rechts und nach weiteren 500 m an einer Schotterstraße links weiter, und gelangen zur Straße

Tipp Obwohl Freibäder an der Strecke Mangelware sind, brauchen Sie auf das erfrischende Bad nach der Tour nicht zu verzichten. Nur gut 3 km von Forstinning entfernt gibt es zwischen Ortsrand Markt Schwaben und dem Schwabener Moos am Sportzentrum ein Freibad, das für Abkühlung sorgt.

Solchen Bildern mit reizvoller bäuerlicher Landschaft begegnet man im Isengau des Öfteren.

Buch – Isen. Dort geht es nach einem Links-/Rechtsknick im leichten Auf und Ab über Oberndorf bis **Innerbittlbach**. Nun nehmen wir Kurs auf Isen, kommen zuerst nach Penzing und müssen gleich am Ortsrand rechts auf das verdeckte Sträßchen (ohne Schild) einschwenken. Die vor uns liegende Strecke ist wieder ein Radfahrgenuss, sie läuft mit Blick auf die Isener Kirche durch das Isental direkt nach **Isen**.

Zur Rückfahrt radeln wir unterhalb der Kirche auf der Münchener Straße nach Süden hinaus, biegen wenig später rechts auf den Urtlmühlweg ab und gelangen auf einem reizvollen Weg oberhalb des Isenlaufs bis **Urtlmühle**. Nach Überqueren des Flusses sind die nächsten Stationen die Weiler Steinla, Zellershub, Loipfing und Oberbuch, wobei nicht verschwiegen werden soll, dass auch einige Steigungen zu bewältigen sind. Vor allem um **Loipfing** steigt die Straße auf einer Länge von über 600 m leicht bis mäßig an. In Oberbuch biegen wir rechts und 150 m danach wieder links ab, erfreuen uns zunächst an einer umfassenden Aussicht nach Westen und radeln dann auf dem Schottersträßchen hinunter nach **Tading**. Besuchenswert ist dort nicht nur die prächtig eingerichtete Kirche (siehe Kasten), sondern auch das Wirtshaus Tading, in dem schon 1894 Prinzregent Luitpold von Bayern genächtig haben soll.

Die Schlussstrecke nach Forstinning verläuft von Forstern über Karlsdorf, Siggenberg und Pullach, wobei die verkehrsreiche B 12 auf einem Radweg unterquert werden kann. Landschaftlich zeigt sich flaches Acker- und Wiesenland mit verstreuten Höfen und weiten Ausblicken. Wenn Sie in **Forstinning** den Gasthof Vaas vor der Tour nicht besucht haben, ist es sicher eine gute Idee, das jetzt nachzuholen, sozusagen als Lohn für die Mühen der Tour.

Essen und Trinken: Forstinning: Gasthof zum Vaas mit Terrasse (Mo, Di Ruhetage). Isen: Gasthof Klement mit Biergarten (Sa Ruhetag). Tading: Wirtshaus Tading mit Biergarten (Mo, Di Ruhetage).

Sehenswertes: Isen: Erste urkundliche Erwähnung des Ortes 748, Zuerkennung des Marktrechtes 1434. Kirche St. Zeno in Bauteilen zurückgehend bis 1200, ähnelt in der Architektur dem Freisinger Mariendom. Vorhalle gotisch mit Fresken, Portal romanisch. Festlich barocker Innenraum mit üppiger Stuckdekoration. Sehenswerte Einzelstücke (Kruzifix, Taufstein, Grabdenkmäler). Im Heimatmuseum (jedes erste Wochenende im Monat, Sa 14–16, So 10–12 Uhr) Ausstellungen zur Ortsgeschichte. **Tading:** Wallfahrtskirche Mariä Himmelfahrt von 1717, im Innern verdienen vor allem die Deckengemälde und der ausnehmend schöne Hochaltar Beachtung.

Information: Gemeindeverwaltung Isen/Oberbayern, Münchner Straße 12, 84424 Isen, Tel. 08083/5301-0, Fax 08083/5301-20.

Ein Juwel ländlichen Barocks in Tading: Die Wallfahrtskirche Mariä Himmelfahrt von 1717

 leicht

 27 km

↑ 175 m
↓ 175 m

3 Std.

STREIFZUG DURCH DEN EBERSBERGER FORST

Ebersberg – Forsthaus Sankt Hubertus – Hohenlindener Sauschütt – Kraiß – Berg – Mailing – Ebersberg

Radeln durch den größten geschlossenen Forst Deutschlands – das ist in jedem Fall eine Tour wert. Beliebte Anlaufstationen sind das Forsthaus St. Hubertus und die Hohenlindener Sauschütt. Nach langer Waldfahrt folgt eine Abfahrt bei herrlichem Gebirgspanorama.

Tourenverlauf

Erstes Ziel ist der Marienplatz in Ebersberg, zu erreichen über die Bahnhofstraße. Vor dem imposanten Rathaus geht es rechts auf Sieghart- und Semptstraße sowie dem Richardisweg in gerader Linie zur Eberhardstraße am Klostersee (gelbe Radschilder St. Hubertus). Drüben folgen wir der Josef-Maier-Promenade am Seeufer und radeln später am Kleinen- und Langweiher vorbei auf schmalem Weg zum Seeweberhof

Hohenlindener Sauschütt

E b e r s b e r g e r

Kraiß
Dietmering
Zaißing

F o r s t

Forsthaus
St. Hubertus

0 N 1 km

Meilets-
kirchen

Berg

Sigersdorf

Ludwigs-
höhe

Mailing

B 304

*Egglburger
See*

Hinter-
egglburg

Vorder-

A E
P S
Ebersberg

Tourencharakter: Leichter Rundkurs durch den Ebersberger Forst. Lange stille Etappen durch Wald, Umfang der Steigungen begrenzt, wenig Verkehr auf den Straßen. Die Waldwege sind stellenweise etwas holprig.
Ausgangs- und Endpunkt: Stadtmitte Ebersberg.
Anfahrt: Mit Auto über die B 304, per S-Bahn mit der S 4.

Streckenverlauf: Forsthaus St. Hubertus 8 km, Hohenlindener Sauschütt 6 km, Kraiß 4 km, Mailing 6 km, Ebersberg 3 km.
Wegweisung: Radschilder (siehe Tourenverlauf) sowie Orts- und Straßenbeschilderung.
Karte: München-Ost, Ebersberg – Erding, 1:50000, Bayerisches Landesvermessungsamt München.

und danach links hoch nach **Egglsee** zum Wirtshaus zur Gass.
Nun steuern wir den Nordrand von Vorderegglburg an. Die Verbindung zwischen Gasthaus und Dorf ist ein Wiesenweg, in dessen Verlauf zwei erdgeschichtliche Besonder-

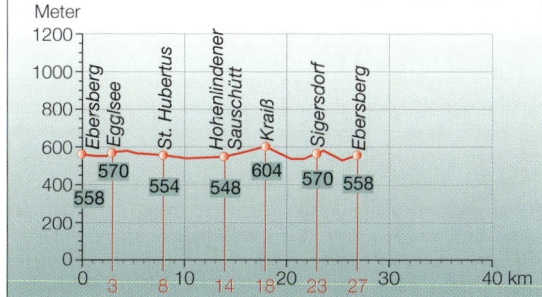

heiten interessant sind: halbrechts das so genannte Os, ein gleichmäßig geformter Buckel aus Kies und Sand, der zur Eiszeit dem abfließenden Wasser des Inntalgletschers widerstehen konnte. Zum anderen ein vom Gletscher verschleppter Felsblock, Findling genannt, der am Rand von **Vorderegglburg** liegt, nach Feststellung der Geologen jedoch aus dem südlichen Inntal stammt.

Wir fahren rechts nach **Hinteregglburg** und nehmen dort den links hinauslaufenden Schotterweg, der schöne Sicht auf den Egglburger See bietet. Es folgen zwei Weggabeln: An der ersten nach 400 m bleiben wir links, 200 m danach an der zweiten

An schönen Wochenenden ein beliebter Radler-Treff: das Forsthaus St. Hubertus im Ebersberger Forst

rechts (Radschild). Damit treten wir in den **Ebersberger Forst** ein. Nach einiger Zeit kommen wir an ein Gatter, das normalerweise verschlossen ist. Das kleine Tor rechts davon ist jedoch immer offen. An der Kreuzung dahinter setzen wir unseren Weg rechts fort (Radschild), münden nach 800 m in eine Forst-

Der Eggel-burger See ist ein beliebter Wanderkurs.

straße und bleiben an der gleich folgenden Gabel links. Nach Überqueren der Straße Anzing – Ebersberg sind wir am **Forst-haus St. Hubertus** angelangt. Nachdem Sie im Biergarten eine kurze Rast eingelegt haben, geht es nach Norden weiter und jenseits der Straße Markt Schwaben – Ebersberg auf kurzem Pfad zur nächsten Schotterstraße. Dort rechts, nach 400 m an der Kreuzung wieder links und nach weiteren 1,3 km rechts ab Richtung Sauschütt. Wenn man – wie hier – öfter die Richtung ändern muss, ist ein Fahrradtacho besonders nützlich, denn markante Orientierungspunkte sind im Forst rar. An der **Hohen-lindener Sauschütt** ist ebenfalls ein Wirtshaus mit Garten, außerdem ein Waldlehrsteig und ein Wildgehege.

Von der Sauschütt radeln wir nach Osten zur Straße Hohenlin-den – Ebersberg und setzen drüben auf dem Waldweg fort. Wie Sie sicher bemerkt haben, ist der Ebersberger Forst nicht überall ein dunkler abweisender Nadelwald, sondern be-sitzt auch Bestände an Laubbäumen, die mit ihren hellgrünen Blättern ein weiches Licht er-zeugen. Nach 300 m kommen wir an eine kleine Kreuzung, dort biegen wir rechts ab und bleiben im Weiteren konsequent auf diesem Weg. Wenn wir rund 1 km geradelt sind, stoßen wir auf eine Kreuzung links von einem Wege-

Tipp Wer Ebersberg und den Forst aus der Vo-gelperspektive sehen möchte, geht zur **Ludwigshöhe** (ca. 800 m nördlich des Klostersees). Der Aussichtsturm dort ist 35 m hoch und bietet eine hinreißende Aus-sicht. Im Blick sind Ebersberg und sein Umland, die Alpenkette von den Chiemgauer bis zu den All-gäuer Bergen und natürlich der Ebersberger Forst selbst.

Essen und Trinken: Ebersberg: Hotel-Gasthof Hölzerbräu; Gasthof Oberwirt mit Terrasse (Mo Ruhetag); Ebersberger Alm mit Terrasse (Mo Ruhetag). Egglsee: Wirtshaus zur Gass mit Biergarten (Mo Ruhetag). Ebersberger Forst: Forsthaus St. Hubertus mit Biergarten (Mo, Di Ruhetag); Hohenlindener Sauschütt mit Biergarten (Mo, Di Ruhetag).
Sehenswertes: Ebersberg: 906 erstmals urkundlich erwähnt, 934 Gründung eines Klosters und später Aufblühen einer Sebastianswallfahrt. Heute Kreisstadt mit schönem Ortsbild am Marienplatz. Dort auch das Rathaus von 1529, innen mit Netzgewölbe und gotischer Holzdecke. In der Kirche St. Sebastian ein prächtiger Hochaltar und ein bedeutendes Stiftergrab. **Egglburger See:** Der anmutig eingebettete und naturgeschützte See ist vor allem Nistplatz für Wasservögel, u. a. vieler Lachmöwen. Eine Runde um den See misst rund 4 km und ist ein beliebter Spaziergang.
Information: Stadtverwaltung Ebersberg, Marienplatz 1, 85560 Ebersberg, Tel. 08092/ 825527.

dreieck und setzen in bisheriger Richtung geradeaus fort.

Der Weg wird leider etwas schlechter und steigt jetzt stetig an. Nach Waldaustritt erreichen wir eine Höhenrippe oberhalb von **Kraiß**. Jetzt sehen wir uns für einige Unbequemlichkeiten entschädigt: Es breitet sich ein wunderbarer Landschaftsrahmen aus, gekrönt von der dahinter stehenden Gebirgskette. Dieses Panorama bleibt auch bei der anschließenden Abfahrt erhalten. Sie verläuft über Dietmering und Zaißing zur Straße unterhalb von Meiletskirchen. Dort geht es rechts weiter bis Berg, dann hinauf nach Sigersdorf und Meiling und wieder hinunter zur B 304. Die kurz vor der Bundesstraße rechts hochführende Abt-Häfele-Straße und später die Sieghartstraße bringen uns wieder ins Zentrum von Ebersberg zurück.

Die Hohenlindener Sauschütt mit Gaststätte, Waldlehrsteig und Wildgehege

leicht

31 km

↑ 180 m
↓ 180 m

3 Std.

VON GRAFING IN DIE FILZE BEI PFAFFING

Grafing – Traxl – Lochen – Oberndorf – Mühlbichl – Gersdorf – Straußdorf – Unterelkofen – Grafing

Viele sehen in einer idealen Radtour drei Dinge: reizvolle Landschaft, prächtige Alpensicht und verkehrsarme Radwege. Genau das bietet die heutige Tour. Und als Zugabe die älteste noch bewohnte Burg Oberbayerns mit einem gemütlichen Biergarten zu ihren Füßen.

Tourenverlauf

Der erste Abschnitt unserer Tour führt vom Marktplatz in Grafing nach Osten zunächst auf der Rotter-, dann nach rund 200 m links in die Mayr- und weiter auf der Kapellenstraße nach Nordosten hinaus Richtung Traxl. Wir durchfahren eine bäuerliche Landschaft, zum Teil mit weiten Ausblicken nach links. An der meist leicht ansteigenden Strecke werden die Weiler Gasteig und Dieding passiert, bevor man nach 5 km in **Traxl** landet.

Wir setzen in bisheriger Richtung fort, befahren nun ein schönes, meist abfallendes Radsträßchen in anmutiger Landschaft

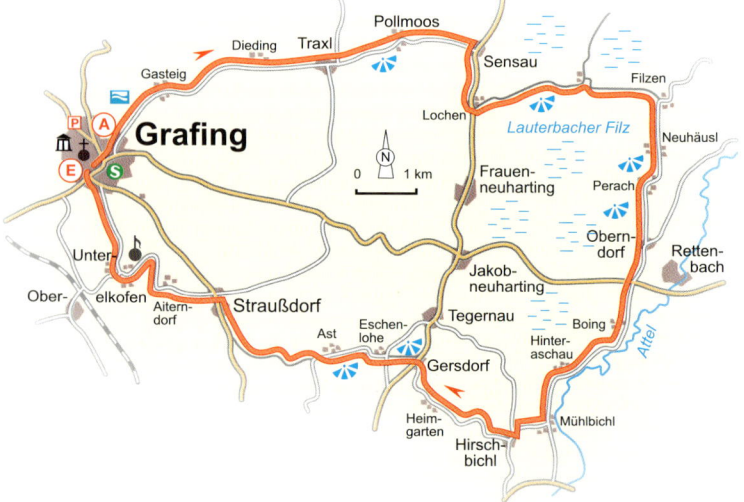

Tourencharakter: Die Rundtour ist zwar nur kurz, weist aber eine Reihe von Steigungen auf. Außer in Grafing kaum Verkehr auf der Strecke, die Straßen und Wege eignen sich allesamt gut zum Radeln.
Ausgangs- und Endpunkt: Marktplatz in Grafing.
Anfahrt: Mit Auto über B 304 oder über Putzbrunn und Glonn; per S-Bahn mit der S 4.

Streckenverlauf: Traxl 5 km, Lochen 3 1/2 km, Oberndorf 6 1/2 km, Hirschbichl 4 1/2 km, Straußdorf 7 km, Grafing 4 1/2 km.
Wegweisung: Radschilder (siehe Tourenverlauf) sowie Orts- und Straßenbeschilderung.
Karte: Kompass-Wander- und Radtourenkarte 1 : 50 000, Blatt 181 Rosenheim, Bad Aibling.

und mit stellenweise prächtiger Gebirgssicht. Knapp 1,5 km nach Pollmoos stoßen wir in **Sensau** auf die Straße Tulling – Frauenneuharting und biegen rechts ab. Nun müssen wir rund 1 km nach Süden fahren, um nach Lochen zu kommen, wo

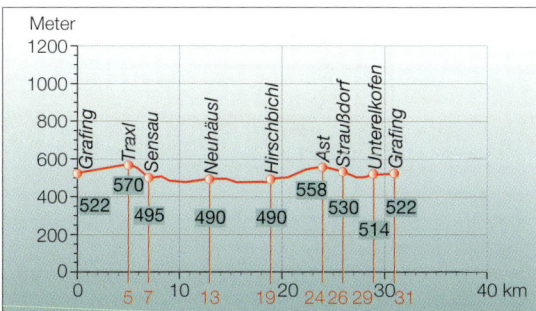

es aufpassen heißt: Direkt nach dem letzten Hof läuft links ein schmales Teersträßchen hinunter ins Moos. Es geht am Waldrand in einen Schotterweg über und bietet wenig später wunderbare Ausblicke auf die Filzlandschaft und die Alpenkette. Endpunkt dieses Weges ist eine kleine Gebäudegruppe, wo wir dem Schild nach rechts Richtung Pfaffing folgen. Nach einem Rechts-/Linksknick verläuft die Route eine Zeitlang nach Osten, um dann an einem

Tipp Alljährlich am letzten Sonntag im Oktober findet in Grafing eine Leonhardifahrt statt, die auf eine fast 300-jährige Tradition zurückblicken kann. Der Umzug mit Pferdesegnung ist einer der größten in Bayern und besteht aus prächtigen Pferdegespannen, Truhenwagen, Trachtlern und Reitersleuten aus Grafing und Umgebung.

Prachtpanorama bei Ast: das Dorf Steinkirchen, hinter dem die Schneegipfel des Kaisergebirges aufsteigen

Am besten zu sehen im Frühjahr oder Spätherbst: die älteste noch bewohnte Burg Oberbayerns in Unterelkofen

Wegedreieck wieder Südrichtung zu nehmen. Bald darauf sind wir in Neuhäusl. Auf den nächsten 2 km zeigen sich wunderbare Landschaftsbilder mit der Alpenkette im Süden. Am nächsten Quersträßchen geht es rechts nach Perach und dort weiter bis **Oberndorf**. Wir halten weiter Südkurs, überqueren die Straße Grafing – Wasserburg und nutzen drüben die reizvolle Radstrecke über Boing und Hinteraschau nach Mühlbichl. Dort geht es mit Alpenblick rechts hinüber nach **Hirschbichl**.

Im Ort radeln wir auf der Durchgangsstraße für 150 m nach Süden, um dann rechts dem über Heimgarten nach Gersdorf führenden Sträßchen zu folgen. Es bietet schöne Rückblicke auf die Berge, enthält aber auch ein paar spürbare Steigungen, von denen die letzte leichterer Natur aber immerhin ca. 600 m lang ist. In **Gersdorf** nutzen wir für 150 m den gegenüber der Hauptstraße abgehenden Schotterweg und schwenken dann im rechten Winkel auf den in Westrichtung hochlaufenden Feldweg ab. Man erreicht einen einzeln stehenden Baum und ein überdachtes Holzkreuz. Warum diese etwas umständliche Routenwahl? Weil Sie jetzt an einem der schönsten Aussichtspunkte der ganzen Region stehen, mit

Essen und Trinken: Grafing: Gasthof Kastenwirt mit Garten (Sa Ruhetag); Gasthof Heckerbräu mit Garten (Mo Ruhetag).
Unterelkofen: Schlosswirtschaft mit Biergarten (Mo Ruhetag).
Sehenswertes:
Grafing: Im Heimatmuseum (geöffnet So 14–16 Uhr) Sammlungen u. a. an Hausrat, Trachten und Möbel sowie ein umfangreicher Bestand an landwirtschaftlichen und handwerklichen Geräten. In der Dreifaltigkeitskirche von 1672 Stuck und Deckengemälde von Johann Baptist Zimmermann sowie ein Rokokoaltar mit Straub-Figuren.
Filze bei Pfaffing: Zusammenhängende Moorfläche im Lauterbacher, Frauenneuhartinger, Jacobneuhartinger und Tegernauer Filz. Teilweise parkartige Landschaft und herrliche Blicke auf die Gebirgskette. Schöne Rad- und Wanderwege.
Information: Verkehrs-Verein Grafing, Hauptstr. 31, 85567 Grafing, Tel. 08092/84 10-0, Fax 08092/24 79 52, E-Mail:verkehrs-verein.grafing@t-online.de, Internet www.verkehrs-verein-grafing.de

Blick auf das Rosenheimer Land und die Alpenkette, aus der vor allem das Kaisergebirge herausragt.

Wir setzen den Weg konsequent nach Westen fort, durchfahren Eschenlohe und erreichen bald darauf **Ast**, wo das Alpenpanorama und der Kaiserblick wieder Gelegenheit zum Schwärmen geben. 200 m nach dem Dorf wird die bisherige Straße verlassen und geradeaus ein Schotterweg genutzt, der wenig später an ein Wegdreieck führt. Dort geht es rechts weiter bis **Straußdorf** und nach Ortsdurchfahrt links ab Richtung Unterelkofen (400 m nach der Kirche). Die letzten Stationen sind jetzt noch der Weiler Aiterndorf und 1,5 km weiter die Burg **Unterelkofen**, älteste noch bewohnte Burg Oberbayerns (11. Jh.). Sie kann zwar leider nicht besucht werden, wohl aber der am Fuß der Burg liegende Biergarten der Schlosswirtschaft. Die am Biergarten vorbeiführende Straße bringt uns nach Grafing zurück.

Info Das **Schloss Elkofen** in **Unterelkofen**, erbaut im 11. Jh. für die Grafen von Ebersberg-Sempt ist eine trutzige Anlage, aus der ein mächtiger Bergfried herausragt. Im oberen Hof liegen die Wohngebäude Palas, Dürnitzstock und Kemenate im unteren u. a. die Georgskapelle. Die Anlage gilt als älteste noch bewohnte Burg in Oberbayern und ist für Besucher nicht zugänglich.

Bunte Blumenwiese im Raum Oberelkofen

 mittel

 33 km

 ↑ 295 m ↓ 295 m

 4 Std.

BESUCH IM MALERISCHEN WASSERBURG

Rott am Inn – Attelfeld – Kornberg – Wasserburg – Kerschdorf – Altenhohenau - Griesstätt – Rott am Inn

Gegenpole dieser Tour sind die glanzvolle Rokokokirche in Rott und das mittelalterliche Wasserburg. Zuerst radeln wir durch die Auenlandschaft westlich des Inns, zurück geht es dann auf der Ostseite. Auch dort ansprechende Landschaft, nun aber mit hinreißender Alpensicht.

Tourenverlauf

Hinaus geht es auf Münchener und Haager Straße, bis nach 1 km rechts ein Schild Richtung Unterlohen / Eich weist. Durch Acker- und Wiesenland radeln wir an Eich vorbei, haben jetzt wunderschöne Ausblicke auf das Inntal und stoßen auf eine Straße an der Eichmühle. Wenn wir dort links und nach kurzer Steigung wieder rechts abbiegen, befinden wir uns auf einem Schotterweg, der am Weiler Kronwinkl vorbeiführt, bald darauf die Schienen kreuzt und unten nach einer Rechtsbiegung hinüberläuft nach **Attelfeld**. Die Landschaft des Inntals mit ihren verstreuten Baum-

Tourencharakter: Bei rund 3 km Steigungen eine etwas fordernde Rundtour beiderseits des Inn. Auf den Nebensträßchen kaum Verkehr und damit ideale Radbedingungen. I-Tüpfelchen sind die prachtvollen Gebirgsblicke auf der Ostseite des Inntals.
Ausgangs- und Endpunkt: Klosterkirche in Rott am Inn.
Anfahrt: Per Auto über Glonn und Aßling.

Streckenverlauf: Attelfeld 5 km, Roßhart 3 1/2 km, Wasserburg 8 km, Kerschdorf 6 km, Griesstätt 4 1/2 km, Rott am Inn 6 km.
Wegweisung: Radschilder (siehe Tourenverlauf) sowie Orts- und Straßenbeschilderung.
Karte: Kompass-Wander- und Radtourenkarte 1:50000, Blatt 181 Rosenheim, Bad Aibling.

gruppen wirkt hier sehr parkartig und außerdem bietet sie an klaren Tagen eine weite Aussicht bis zu den Alpen.

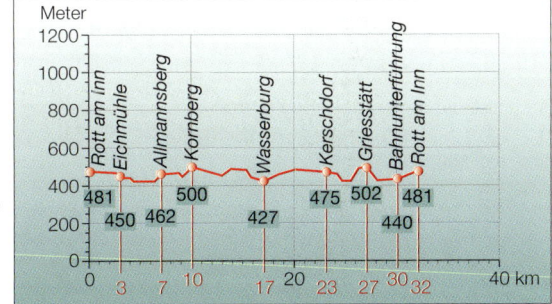

An der ersten Querstraße in Attelfeld halten wir uns links, an der zweiten nach 300 m wieder links und kommen so nach Bruck. Dort biegen wir rechts ab und folgen im Weiteren dem Radschild Wasserburger Radrundweg. Es wird uns heute noch öfter begegnen. Zunächst nehmen wir kurz nach Ortsende und nach Anstieg das rechts wegführende Sträßchen (Merkmal Einzelscheune), machen später einen Rechts-/Linksknick an der Straße in Allmannsberg und treffen nach Passieren des Weilers Anzenberg in **Roßhart** ein, wo wir dem Schild Richtung Edgarten/Attel nachfahren. Auch hier umgibt uns wieder stille bäuerliche Wiesenlandschaft, in der man gerne radelt.

Nächste Station ist die B 15, die überquert werden muss, um nach **Kornberg** hinaufzukommen. Dort setzen wir links Richtung Au/Reisach fort und können uns jetzt wieder dem Wasserburger Radschild anvertrauen, das über Reisach und Gern an den Rand von **Gabersee** und hier auf einem Wiesenweg hoch zur Straße führt. Rechts geht ein Radweg ab, bringt uns zur großen Münchner Straße, an der wir ein kurzes Stück entlang radeln, bevor wir drüben auf der Kobingerberg Straße fortsetzen (Schild Kreiskrankenhaus). Sie mündet später wieder in die Münchener Straße, wo man die Route Auf der Burg und Schmidzeile (beide verkehrsreich) bis

Tipp Kirche hin, Museum her. Nach anstrengendem Radeln ist ein Sprung ins kühle Wasser immer noch das Schönste. Dazu bietet das BADRIA reichlich Gelegenheit. Ein großes beheiztes Freibecken, ein überdachter Pool, die größte Doppelwasserrutsche in Deutschland sowie diverse Sport- und Spieleinrichtungen werden Sie für die Rückfahrt nach Rott wieder fit machen!

Wunderbare Ansicht von Wasserburg, zu genießen von der »Schönen Aussicht« am Innhochufer

ins Zentrum von **Wasserburg** oder den kleinen ruhigeren Umweg über den Bahnhof wählen kann.

Nach einem Rundgang geht es über die Innbrücke auf der Rosenheimer Straße hinaus und nach 400 m links auf den Steinmühlweg (Richtung Badria). Er macht nach 500 m einen Linksknick und leitet uns im Wuhrbachtal zur Dirnecker Straße. Entgegen den Radschildern biegen wir rechts ab, überqueren später die Straße Wasserburg – Eiselfing und biegen 1 km danach links nach Spielberg ab (Radschild Alz-Inn). Der jetzt folgende Abschnitt von 7 km bis Griesstätt ist Radelgenuss pur: reizvolle, örtlich parkähnliche Landschaft, stille Teersträßchen und als Krönung ein anhaltend prachtvolles Alpenpanorama.

Zuerst passieren wir den Weiler Spielberg, dann kommen wir nach **Kerschdorf**, wo wir uns an das Schild Alz–Inn halten und am Ortsende rechts abdrehen. Schließlich erreichen wir Laiming, treffen danach auf die Straße Wasserburg – Griesstätt und nutzen den Radweg nach links. Knapp 500 m weiter läuft rechts ein Sträßchen hinunter bis **Altenhohenau**. Nachdem Sie dort die Kirche (Deckenfresken von Matthäus Günther und drei Altäre von Ignaz Günther) oder den Biergarten des Huber-

Essen und Trinken: Rott am Inn: Landgasthof Stechl mit Biergarten (Di Ruhetag). Wasserburg: Huberwirt am Kellerberg (Fr Ruhetag); Hotel-Gasthof Paulanerstuben mit Terrasse (Di Ruhetag); Café Alte Schranne im Rathaus (Mo Ruhetag). Hotel Fletzinger, Biergarten. Altenhohenau: Gasthof Hubertushof mit Biergarten.

Sehenswertes: Rott: Die Pfarrkirche St. Marinus und Anianus, ehemalige Abteikirche, gilt als eine der schönsten Rokokokirchen Bayerns. Errichtet hat sie 1763 Johann Michael Fischer. Am bekanntesten von der glanzvollen Innenausstattung (Altäre, Stuckierung) sind die Schnitzfiguren von Ignaz Günther, so die beiden Bauernheiligen Isidor und Notburga sowie der Kardinal Damiani, über dem ein Putto mit Kardinalshut schwebt. Nach mehrjähriger Renovierung erstrahlt die Kirche wieder in neuem Glanz.

Information: Verkehrsamt Wasserburg, Postfach 16 80, 83506 Wasserburg am Inn, Tel. 08071/105-22, Fax 08071/105-21, E-Mail: touristik@stadtwasserburg.de, Internet www.wasserburg.de. Gemeindeverwaltung Rott a. Inn, Kaiserhof 3, 83543 Rott am Inn, Tel. 08039/9068-0, Fax 08039/3882.

Info Die sehr gut erhaltene Altstadt von **Wasserburg** bietet ein reizvolles Ortsbild mit schönen Fassaden alter Patrizierhäuser. Herausragend vor allem das Alte Rathaus von 1459 mit Brothaus und Kornschranne unten sowie Ratsstube und Tanzhaus im Obergeschoss. Gegenüber das Kernhaus (heute Amtsgericht) mit Rokokofassade von Johann Baptist Zimmermann. In der Jakobskirche steht eine der schönsten geschnitzten Kanzeln Süddeutschlands (1635). Die Burg, 1526 zum herzoglichen Schloss umgebaut, besteht aus Hauptbau mit Satteldach und Treppengiebeln, Zehentstadel (ehemaliger Getreidekasten) und Burgkapelle. Sehenswert auch das Brucktor und der Rote Turm. Im Heimathaus (Di–So 13–17 Uhr) finden Sie eine der besten Sammlungen alter Bauernmöbel in Oberbayern. Originell sind die anderen Wasserburger Museen: Das Erste Imaginäre Museum (Di–So 13–17 Uhr), weltweit einmalig, zeigt Nachbildungen von Gemälden aller Kunstepochen. Das Feuerwehrmuseum (nur nach vorheriger Vereinbarung) und das Wegmachermuseum (Mo–Fr 8–11 und 13–15 Uhr) präsentieren einschlägige Sammlungen und Geräte. Ein herrlicher Blick auf Wasserburg bietet sich von der Aussichtskanzel »Zur schönen Aussicht« oberhalb der Stadt.

tushofs besucht haben, fahren wir dem Schild Alz-Inn nach hinauf nach **Griesstätt** (ca. 800 m Steigung). Hinunter geht es wieder 100 m nach der Kirche (Schild Inntal-Radweg) zur großen Innbrücke. Nach der Brücke weisen Radschilder links in die Inn-Auen, wo wir an der Schranke – entgegen den Schildern – rechts abbiegen, wenig später die B 15 überqueren und auf dem Feldweg drüben zu einer Bahnunterführung kommen. Wenn wir sie passiert haben, kehren wir, in Südrichtung abschwenkend, nach Rott zurück.

Ein Höhepunkt in der Wasserburger Altstadt: das Kernhaus mit Rokokofassade von Johann Baptist Zimmermann

leicht

28 km

↑ 170 m
↓ 170 m

3 Std.

ZUM WALLFAHRTSORT TUNTENHAUSEN

Hohenthann – Schönau – Beyharting – Jakobsberg – Tuntenhausen – Sindlhausen – Niclasreuth – Hohenthann

Tuntenhausen ist seit 500 Jahren eine der wichtigsten Wallfahrten Bayerns und lohnendes Ziel einer Radtour. Obwohl wir an die 3 km Steigungen zu überwinden haben, ist Radeln in dieser stillen altbayerischen Hügellandschaft mit Prachtblicken aufs Gebirge immer wieder ein Erlebnis.

Tourenverlauf

Um zum ersten Ziel zu kommen, fahren wir in Hohenthann Richtung Bolkam hinaus und erleben gleich einen Höhepunkt. Der Ausblick vor Bolkam auf die Alpenkette ist umfassend, sicher einer der schönsten Aussichtspunkte der Gegend. Nach Bolkam geht es in langer Abfahrt hinunter bis **Weng** und kurz danach links ab in Richtung Biberg. Hier im Tal der Braunau zeigt sich eine anmutige Landschaft, wiederum verbunden mit herrlichem Alpenblick, u. a. zum Kaisergebirge.

Wir radeln bei steter Bergsicht nacheinander durch Söhl und Biberg und gelangen schließlich nach **Schönau**. Wenn wir uns dort der Verlockung des Landgasthofs Schönau entziehen können, geht es weiter auf der Angerstraße nach Süden hinaus, dann ein Stück durch den Wald und erneut mit Gebirgsblick zur Straße Glonn – Beyharting. Drüben Richtung Bichl fortsetzend, biegen wir direkt vor der Glonn links ab und kommen nach Innerthann. Hier heißt es aufpassen: Unmittelbar nach der Kirche läuft rechts ein Sträßchen weg, durchquert ein Werks-

Tourencharakter: Rundtour durch altbayerisches Bauernland, kurz, aber steigungsreich. Alle Straßen verkehrsarm, die Schotterwege hinüber nach Niclasreuth gut befahrbar.
Ausgangs- und Endpunkt: Hohenthann.
Anfahrt: Mit Auto über Putzbrunn/Glonn; per Bahn nach Aßling und dann mit Rad nach Niclasreuth.

Streckenverlauf: Schönau 5 1/2 km, Beyharting 4 1/2 km, Tuntenhausen 7 1/2 km, Niclasreuth 7 1/2 km, Hohenthann 3 km.
Wegweisung: Orts- und Straßenbeschilderung.
Karte: Kompass-Wander- und Radtourenkarte 1:50 000, Blatt 181 Rosenheim, Bad Aibling.

gelände und bringt uns entlang der Glonn auf bezaubernder Strecke nach **Beyharting**, wo die Stiftskirche von 1670 sehenswert ist.

Wir radeln wieder nach Süden hinaus, biegen nach 700 m links Richtung Kronbichl ab und gelangen kurz darauf nach **Jakobsberg**. Einen Namen hat sich das Dorf wegen seiner großartigen Aussicht auf die Bergkette gemacht, vor allem auf das Kaisergebirge. Nächstes Ziel ist **Schmidhausen**, wo wir zunächst ins Dorf steuern, um dann am Anwesen Nr. 12 rechts zur Straße Tuntenhausen – Bad Aibling hochzufahren. Nach einer Links-/Rechtsbiegung nimmt uns ein Schotterweg auf und bringt uns durch Wiesenland und Wald nach **Emling**. Am Ostrand des Weilers biegen wir links ab, machen an der nächsten Querstraße noch eine Linksschwenkung und sind wenige Minuten später in **Tuntenhausen**. Hier werden wir sicher eine Pause einlegen und uns erst einmal den alten Wallfahrtsort ansehen.

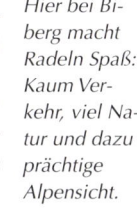

Hier bei Biberg macht Radeln Spaß: Kaum Verkehr, viel Natur und dazu prächtige Alpensicht.

Am Südrand des Dorfes befindet sich ein Kreisverkehr, an dem eine Straße Richtung Sindlhausen abgeht. Ihr folgen wir, durchfahren später **Sindlhausen** in gerader Linie und landen gut 1 km danach am Weiler Bach. Weiter geht es links die Straße hoch, dann nach 250 m rechts auf den Feldweg und hinüber zu einem Teer-

Blick auf das schneebedeckte Kaisergebirge.

Essen und Trinken:
Schönau: Landgasthof Schönau mit Garten
(Mo Ruhetag). Beyharting: Gasthaus zur Post mit Biergarten (Mo Ruhetag). Tuntenhausen: Gasthaus Schmid
(Mo Ruhetag).

Sehenswertes:
Beyharting: Stiftskirche des ehemaligen Augustiner-Chorherrenstifts, von Johann Baptist Zimmermann hell
und festlich stuckiert, mit sehenswerter Ausstattung, so
u. a. Schnitzfiguren, das Chorgitter, Grabsteine und das
Gestühl.

Tuntenhausen: Kirche Mariä Himmelfahrt, 1630 im Renaissancestil neu erbaut, seit über 500 Jahren eine der
wichtigsten Wallfahrten Bayerns. Reicher Stuck und
stattlicher Hochaltar mit dem Gnadenbild (1550).
Schöne Apostelfiguren und zahlreiche Votivgaben.

Information: Gemeindeverwaltung Tuntenhausen, Graf-Arco-Str. 18, 83104 Tuntenhausen, Tel. 08067/9070-0,
Fax 08067/1455.

Tipp   Gegen Ende der Tour, zwischen Thal
und Hohenthann, passiert man die
Reitanlage Hinterholzer. Wenn Sie nicht nur gerne
radeln, sondern auch Pferdesportfan sind und
durch die Radtour vielleicht nicht ganz ausgelastet
waren, können Sie dort noch eine Unterrichtsstunde in Reiten zu nehmen. Besser ist es jedoch,
sich vorher anzumelden (Tel. 08065/1030).

sträßchen, an dem wir erneut rechts
abbiegen und zu einem Flugplatz
kommen (bei Flugverkehr gesperrt!).
Auch hier zeigt sich wieder ein beeindruckendes Alpenpanorama. Am
nächsten Quersträßchen schieben
wir links hoch zum Erlacherhof, wo
sich der Weg teilt: Die linke Abzweigung führt zunächst durch
Wald und bringt uns dann hinauf
nach **Niclasreuth**.

Wenn Sie sich an dem hinreißenden Gebirgspanorama mit dem
Wilden Kaiser im Mittelpunkt ergötzt haben, radeln wir hinunter
ins Moosachtal zur Siedlung **Thal**.
Dem Straßendreieck gegenüber
läuft rechts ein Sträßchen hoch
(Schild Reitanlage Hinterholzer),
das uns – zwar mit lang gezogener
Steigung, aber auch mit schönen
Rückblicken auf das Rosenheimer
Land und die Chiemgauer Berge –
nach Hohenthann zurückbringt.

Seit Jahrhunderten mystischer Anziehungspunkt für Wallfahrer: das Gnadenbild von 1550 in Tuntenhausen

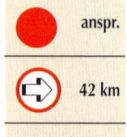

anspr.

42 km

↑ 440 m
↓ 440 m

4½ Std.

Eine Rundfahrt im Glonner Land

Glonn – Heimatshofen – Unterlaus – Antholing – Herrmannsdorf – Bruck – Maria Altenburg – Steinsee – Glonn

Schauplatz der Tour ist die Buckelgegend rund um Glonn. Das bedeutet häufige, z. T. lang gezogene Anstiege, aber auch reizvolle Tallandschaften und wunderbare Ausblicke bis zur Alpenkette. Am Wege liegen der viel besuchte Steinsee und die angesehene Wallfahrt Maria Altenburg.

Tourenverlauf

Von der Kirche fahren wir die Hauptstraße nach Osten hinunter und biegen nach 300 m rechts in die Haslacher Straße ab. Mit schönem Blick auf das Glonntal und die im Süden stehenden Berge erreichen wir nach 2 km das Dorf **Haslach** und folgen kurz vor dem Ortsrand dem Sträßchen rechts durch das anmutige Glonntal nach **Mattenhofen**. Dort wenden wir uns an dem kleinen Wegdreieck nach links und kommen nach Anstieg zur Straße Glonn – Feldkirchen. Auf ihr fahren wir für 500 m nach Süden und biegen dann rechts in Richtung Frauenreuth ab. Wenn wir dieses Dorf passiert und die folgende steile Abfahrt genommen haben, sind wir in **Reisenthal** und setzen unseren Weg in idyllischer Landschaft nach Westen fort. 1 km weiter zweigt die Route links ab und führt nach einem kräftezehrenden 400-m-Anstieg nach **Loibersdorf**.

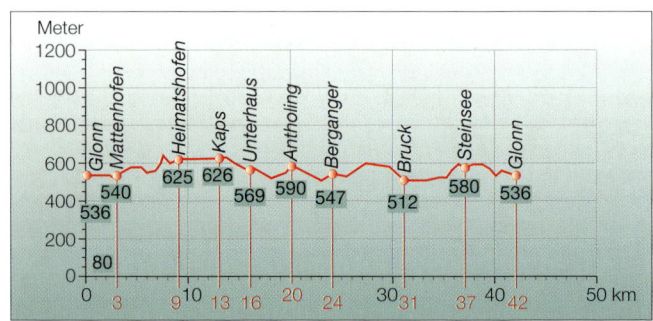

Tourencharakter: Große Rundfahrt durch Glonner Hügelland. Mit 42 km relativ lang, dazu häufige, manchmal lang gezogene Anstiege. Der Verkehr bleibt überall im Hintergrund, die Straßen und Schotterwege sind ausnahmslos gut befahrbar. Insgesamt eine schöne, aber anspruchsvolle Tour.
Ausgangs- und Endpunkt: Ortsmitte von Glonn.
Anfahrt: Mit Auto über Putzbrunn oder Höhenkirchen.

Streckenverlauf: Heimatshofen 9 km– Unterlaus 6 1/2 km – Antholing 4 1/2 km – Hermannsdorf 7 km – Bruck 4 km – Maria Altenburg 8 1/2 km – Steinsee 1 1/2 km – Glonn 4 1/2 km.
Wegweisung: Orts- und Straßenausschilderung.
Karte: München und Umgebung 1:100000, Bayerisches Landesvermessungsamt München.

Durch schlichte Bauernlandschaft geht es weiter nach Heimatshofen und dann nach Süden Richtung Großhelfendorf. Ca. 800 m danach biegen wir links Richtung Schops und 600 m weiter noch einmal links auf einen Feldweg ab. Er lässt sich angenehm radeln, ist von parkartiger Landschaft umgeben und bringt uns nach **Kaps**. Dort wenden wir uns nach rechts zur Straße Helfendorf – Höhenrain, biegen links ab und landen nach 2 km in **Unterlaus**, wo der Lauser Weiher zu einem Bad einlädt. Jetzt geht es in Nordrichtung hinaus und nach 300 m rechts ab, Richtung Antholing. Bei herrlicher Aussicht nach Osten radeln wir hinunter in die Senke und bewegen uns erneut in einer anmutigen Landschaft. Bei wei-

ten Ausblicken werden Walpersdorf, Waslmühle, Moos und Weidach passiert, dann folgt – über eine kleine Kreuzung hinweg – eine lang gezogene Steigung hinauf über Hub nach Antholing. Beiderseits des Weilers Hub zeigt sich herrliches Alpenpanorama. Wir erreichen die Durchgangsstraße, radeln links durch **Antholing** und steuern nach dem Ort in einer Rechts-/Linksschwenkung Netterndorf an.

In der Ortsmitte geht es rechts auf der Sonnenfeldstraße hinunter nach Kreithann und – nachdem wir unten den famosen Ausblick auf das reizvolle Braunautal und die Alpenkette bewundert haben – hinüber und hinauf nach **Berganger**. Vergessen Sie am Ortsrand nicht einen letzten Blick zurück auf das erhabene Landschaftsbild zu werfen. Wir halten uns am Dorfende rechts, überqueren wenig später die Straße Glonn – Hohenthann und steuern über Großrohrsdorf und Gailling – übrigens wiederum mit Alpensicht – den Weiler **Herrmannsdorf** an, bekannt durch ökologische Landwirtschaft. Hier setzen wir unsere Fahrt

> **Tipp**   Über die Region hinaus bekannt sind die **Herrmannsdorfer Landwerkstätten** und ihre Lebensmittel in ökologischer Qualität. Sie werden hergestellt in eigenen Einrichtungen, wie Metzgerei, Bäckerei, Rohmilch-Käserei und Hausbrauerei. Im Hofmarkt kann man die Produkte kaufen, im eigenen Wirtshaus verkosten. Filialen des Betriebs finden Sie auch in München.
>
> Man muss auch nicht unbedingt Ökologie-Fan sein, um auch mal bei **Herrmannsdorfer** zu essen. Im Wirtshaus zum Schweinsbräu kocht Thomas Thielemann auf hohem kulinarischen Niveau, bleibt aber bei ländlichen Speisen. Probieren Sie doch einmal den knusprigen Schweinsbraten mit glacierten weißen Rüben und Kartoffelpüree! Sie merken sicher, dass die 16 Punkte des Gault Millau durchaus verdient sind.

Oben: Feldkreuz in der Lauser Gegend

So schön kann Radeln bei Antholing sein

Schattige Liegewiesen, hohe Wasserqualität und familiäre Atmosphäre sind Markenzeichen des beliebten Steinsees.

nach Norden fort und folgen kurz vor der Straße Glonn – Grafing rechts dem Sträßchen nach Wildenholzen. Wenn wir das lang gestreckte Dorf talwärts durchfahren haben, kommen wir bei schönen Ausblicken auf das hoch gelegene Alxing und auf die reizvolle Landschaft im Brucker Moos mit den Bergen dahinter nach **Bruck**.

Kurz nach der Kirche fahren wir links vor zur Straße Glonn – Grafing, überqueren sie an der Bushaltestelle und radeln nun im malerischen Tal der Moosach nach Gutterstätt und weiter nach **Moosach**, um dort den Schildern hoch zur Wallfahrtsstätte **Maria Altenburg** zu folgen. Oben bringt uns der nach Süden weiterführende Weg zur Straße Oberpframmern – Moosach, wo wir nach einem Rechts-/ Linksknick den **Steinsee** erreichen. Ob Sie eine Badepause einlegen oder nicht, weiter geht es nach Osten im Auf und Ab durch den Wald. Es folgen drei Weggabeln: An der ersten bleiben wir links, an der zweiten rechts und an der dritten wieder links. Dann erreichen wir bei herrlichem Blick auf das Glonner Land und die Gebirgskette den Weiler **Doblberg** und setzen bei anhaltend schöner Aussicht zum Endspurt über Adling nach Glonn an.

Essen und Trinken: Gaststätte Berganger mit Biergarten (Mo und Di Ruhetage, werktags erst ab 17 Uhr offen). Herrmanndorf: Wirtshaus zum Herrmannsdorfer Schweinsbräu (geöffnet 12–14 und ab 18 Uhr, Mo, Di Ruhetage). Moosach: Gasthof Neuwirt (Mi ab 14 Uhr und Do Ruhetage). Steinsee: Gaststätte am Steinsee mit Terrasse.
Sehenswertes: Glonn: Spätgotischer Taufstein (1529) in der Pfarrkirche St. Johannes Baptist. **Maria Altenburg:** Vom 16.–18. Jh. blühende Wallfahrt. Kirche St. Maria 1710 barock erneuert, im Innern reicher Stuck und ein dekorativer Hochaltar mit dem holzgeschnitzten Gnadenbild um 1500. **Steinsee:** Rund 1/2 km² groß und landschaftlich reizvoll gelegen, seit Jahren hervorragende Wasserqualität. Badebetrieb im umzäunten Freibad mit Liegewiesen und Gaststätte.
Information: Marktgemeinde Glonn, Postfach 49, 85623 Glonn, Tel. 08093/90 97 27, Fax 08093/90 97 11.

mittel

33 km

↑ 345 m
↓ 345 m

3¹/₂ Std.

IM LEITZACHTAL ZUM SEEHAMER SEE

Weyarn – Fentbach – Holzolling – Auerschmiede – Kleinpienzenau – Reichersdorf – Großseeham – Weyarn

Landschaftliche Höhepunkte sind das Leitzachtal ab Naring, das parkartige und aussichtsreiche Hochtal oberhalb der Auerschmiede und der Seehamer See. Kunstgeschichtlich ragen die Ignaz Günther-Figuren in Weyarn und die Schnitzwerke Erasmus Grassers in Reichersdorf heraus.

Tourenverlauf

Vom Alten Wirt führt die Route auf der Durchgangsstraße nach Norden hinaus, unter der Autobahn hindurch und durch hügeliges, von Wald umsäumtes Bauernland bis **Fentbach**. 1 km hinter Fentbach nehmen wir am Straßendreieck die rechte Abzweigung nach Wes-

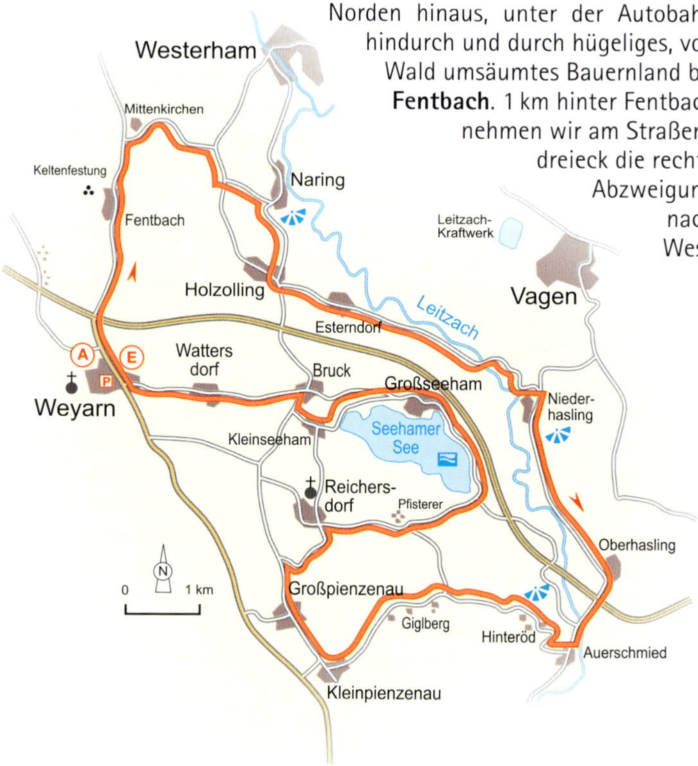

Westerham

Mittenkirchen

Keltenfestung

Naring

Fentbach

Leitzach-Kraftwerk

Holzolling

Leitzach

Vagen

Esterndorf

Ⓐ Ⓔ Watters dorf

Bruck

Großseeham

Niederhasling

Weyarn

Kleinseeham

Seehamer See

Reichersdorf

Pfisterer

Oberhasling

N

0   1 km

Großpienzenau

Giglberg

Hinteröd

Auerschmied

Kleinpienzenau

Tourencharakter: Tour mittlerer Länge rund um den Seehamer See. Immer wieder kurze leichte Steigungen, nur der Anstieg ab Auerschmiede lang gezogen und relativ steil. Dieser Abschnitt auch geschottert, sonst ausschließlich geteerte Nebenstraßen mit geringem bis ganz fehlendem Verkehr.
Ausgangs- und Endpunkt: Gasthof Alter Wirt in Weyarn.

Anfahrt: Mit Auto über A 8.
Streckenverlauf: Holzolling 7 1/2 km, Niederhasling 4 1/2 km, Auerschmiede 4 km, Kleinpienzenau 5 km, Großseeham 7 km, Weyarn 5 km.
Wegweisung: Orts- und Straßenbeschilderung.
Karte: München und Umgebung 1 : 100 000, Bayerisches Landesvermessungsamt München.

terham. Es geht etwas später durch Wald hinunter zur Straße Westerham – Holzolling, dort rechts und nach 500 m wieder links mit Kurs auf **Naring**. Um uns herum die anmutige Landschaft des Leitzachtals mit schönen Ausblicken. Am

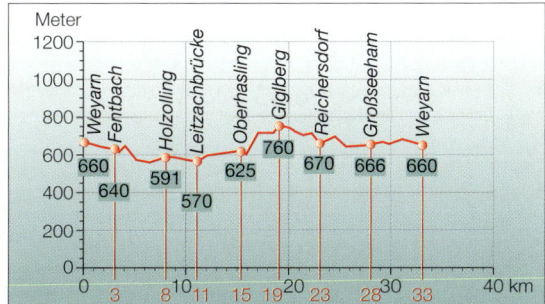

Ortsrand von Naring wenden wir uns an der Straße nach rechts und gelangen nach **Holzolling**. Wer jetzt schon eine Stärkung nötig hat, findet im dortigen Gasthof Kreuzmair (Mo Ruhetag) die geeignete Einkehr.

Von Holzolling läuft in Ostrichtung ein Sträßchen nach Esterndorf und weiter im Zuge der Leitzach – vorbei an den Wasserrohren des Leitzach-Kraftwerks – nach Nieder- und **Oberhasling**, hier verbunden mit herrlichen Ausblicken auf die Berge. Nachdem die Autobahn unterquert wurde, gelangen wir – an der nächsten Querstraße links abzweigend – zum Gasthof **Auerschmiede**, dem Wendepunkt unserer Tour.

Das Hochtal zwischen Pienzenau und Auerschmiede ist eine wunderbare Gegend zum Radfahren und doch nur bei Insidern bekannt.

Nun wäre in der Tat eine Stärkung angebracht, denn das direkt nach dem Gasthaus rechts abgehende Sträßchen steigt auf einer Länge von rund 1 km leicht bis mittel an, bevor es die oben liegende Gehöftegruppe **Hinteröd** erreicht. Sie werden den

kräftezehrenden Anstieg nicht bereuen! Von den prachtvollen Ausblicken auf das Land und die Berge abgesehen, radeln Sie hinein in ein stilles unberührtes Hochtal, das wie ein großer Park wirkt. Radeln in seiner schönsten Form! Gut 1,5 km nach Hinteröd stoßen wir auf ein Straßendreieck und setzen unsere Fahrt dort halblinks fort, Richtung Pienzenau. Danach ein Anstieg hoch zum Anwesen Giglberg, dann schon – knapp 1,5 km weiter – der Ortsrand von **Kleinpienze-**

Bäuerliche Idylle mit Kirche und schmuckem Hof im Weiler Reichersdorf nahe dem Seehamer See

> **Essen und Trinken:** Weyarn: Landgasthof Alter Wirt mit Biergarten. Naring: Gasthaus zum Goldenen Tal mit Terrasse (Mo, Di Ruhetage). Holzolling: Landgasthof Kreuzmair mit Garten (Mo Ruhetag). Auerschmiede: Landgasthof Auerschmied. Großseeham: Spießbratenhaus mit Biergarten (Mi Ruhetag).
> **Sehenswertes: Fentbach:** Keltisches Oppidum. **Reichersdorf:** Reichersdorfer Kirche mit einem wunderbaren spätgotischen Schnitzaltar (1506), flankiert von zwei Figuren und Marienbild auf dem Hochaltar. Hier hat Erasmus Grasser, einer der berühmtesten Münchner Bildhauer des späten Mittelalters überraschenderweise Spuren hinterlassen hat. **Seehamer See:** Malerisch gelegener Badesee, rund 2 x 1 km groß. Geboten werden auch Surfmöglichkeit und Bootsverleih.
> **Information:** Gemeindeverwaltung Weyarn, Ignaz-Günther-Str. 5, 83629 Weyarn, Tel. 08020/1887-17/-18, Fax 08020/1887-20.

nau. Unten im Dorf biegen wir an der Straße rechts ab, durchfahren wenig später Großpienzenau in gerader Linie und müssen nochmals gut 800 m radeln, bevor uns ein rechts abgehendes Sträßchen nach **Reichersdorf** bringt.

Dort heißt es für jeden, der auch nur ein wenig an Kunst interessiert ist, kurz zu verhalten: Die Kirche dieses Dorfes birgt nämlich, was nur wenige wissen, kostbare Schnitzwerke (um 1500) des berühmten Münchner Bildhauers Erasmus Grasser. Die Kirche ist meist verschlossen, Familie Bichl im Hof gegenüber schließt Ihnen den Raum aber auf.

Nun ziehen wir noch einen großen Bogen nach Osten über den Weiler Pfisterer um den Seehamer See herum und landen nach herrlichen Ausblicken auf den See in **Großseeham**. Es geht in Westrichtung wieder hinaus aus dem Dorf, wobei wir dort, wo die Straße einen

Fahrpause am Seehamer See. Es stellt sich die Frage: baden oder weiter-fahren?

leichten Rechtsknick macht, gera-deaus radeln. So überqueren wir später einen Damm, wo sich erneut prächtige Aussicht auf den See bie-tet, und treffen in **Kleinseeham** ein. Wenn wir auch dieses Dorf geradli-nig durchfahren und an der näch-sten Querstraße rechts abbiegen, münden wir in die Straße Weyarn – Bruck, auf der wir nach links über Wattersdorf nach **Weyarn** zurück-kehren. Hier haben Sie eine abschlie-ßende Entscheidung zu treffen: Entweder Weyarner Klosterkirche oder Alter Wirt. Unsere Empfeh-lung: Beides, Reihenfolge egal!

Info Sehenswert ist in **Weyarn** die Stiftskirche des ehemaligen Augus-tiner-Chorherrenstifts St. Petrus und Paulus, 1693 neu erbaut. Ihren Ruhm begründen vor al-lem die Schnitzwerke des großen bayerischen Rokoko-Bildhauers Ignaz Günther, so die »Ver-kündigung«, eine ergreifende »Pietà« und eine »Mater Dolorosa«. Maler und Stuckateur der Kir-che war der nicht minder namhafte Johann Baptist Zimmermann.

Tipp In Fentbach ist zu überlegen, ob Sie das Fahrrad unten stehen lassen und zu Fuß einen Abstecher (ca. 1 km einfach) hoch zum spätkeltischen Oppidum machen, dem Ringwall einer ehemaligen Keltenfestung, von der vor allem der innere Wall noch sehr gut erhalten ist. Zeitbedarf insgesamt rund 1 Std.

 leicht

 34 km

 ↑ 155 m ↓ 155 m

 3 Std.

GENUSSRADELN AM FUSS DES TAUBENBERGS

Gotzinger Trommel – Daxerhof – Wall – Gmund –
Moosrain – Schaftlach – Einhaus – Gotzinger Trommel

Die Gegend zwischen Gotzing und Einhaus mit schmucken Höfen und parkartigem Baumbestand ist ungemein reizvoll und doch vom Ausflugsstrom noch weitgehend verschont. Wir durchqueren sie, kommen im Mangfalltal zum Tegernsee und kehren über Schaftlach wieder zurück.

Tourenverlauf

Klein ist das Gasthaus Gotzinger Trommel und dennoch lässt sich auf seiner Terrasse vortrefflich Brotzeit machen. Zunächst aber wollen wir ja radeln und zwar in einer der reizvollsten Gegenden des südlichen Alpenvorlandes. Hinaus geht es Richtung Wall, vorbei an den Höfen

Hochhaus, Aigner und **Daxer** und dann – 500 m nach dem Daxer – links ab (Schild Wall). Bald darauf stoßen wir auf eine kleine Kapelle beim Gehöft Meister, biegen dort wieder links ab und erreichen – nachdem die Höfe Rechtal und Hairer hinter uns geblieben sind – eine kleine Straßenkreuzung, wo wir rechts abschwenken. Vorbei am Schuster-

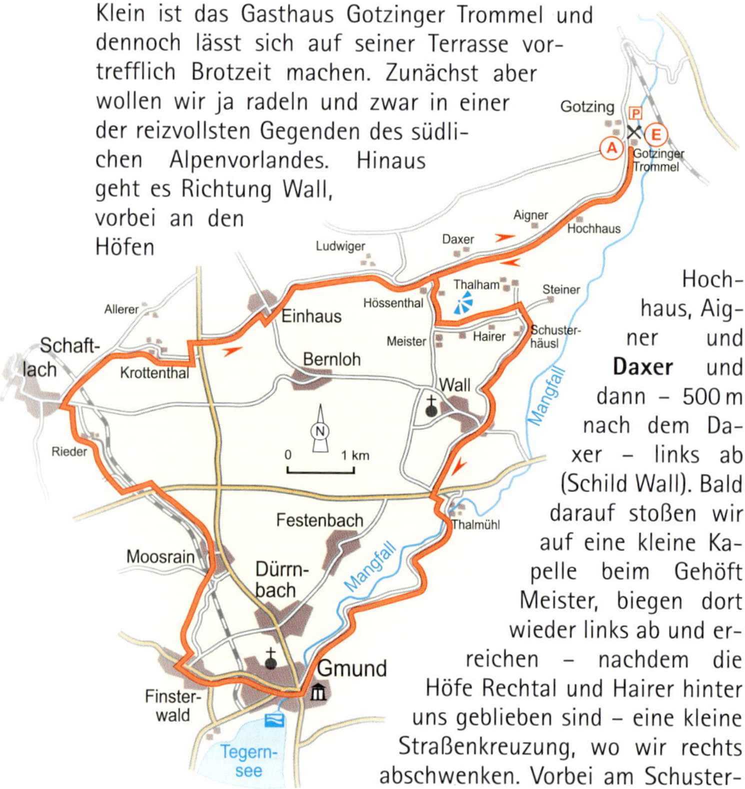

Tourencharakter: Relativ kurze und reizvolle Route durch das Tegernseer Vorland. Da auch Steigungen und Verkehr in Grenzen bleiben, lässt sich diese familienfreundliche Tour vom ersten bis zum letzten Kilometer genießen.
Ausgangs- und Endpunkt: Gasthaus Gotzinger Trommel.

Anfahrt: Über A 8 bis Weyarn/Thalham.
Streckenverlauf: Daxer-Hof 3 1/2 km, Wall 5 km, Gmund 7 km, Schaftlach 7 km, Einhaus 4 km, Gotzinger Trommel 7 1/2 km.
Wegweisung: Orts- und Straßenausschilderung.
Karte: München und Umgebung 1:100000, Bayerisches Landesvermessungsamt München.

häusl macht unser Sträßchen später einen Linksknick und führt mit schönem Blick auf die Kirche nach **Wall**. Die Gegend, die wir auf den ersten 8 km durchquert haben, ist ein Geheimtipp! Vom Ausflugsstrom noch verschmäht, liegt über

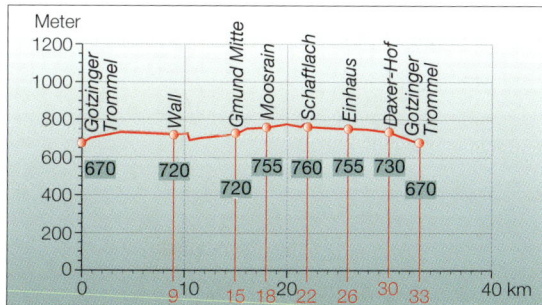

dieser Bauernidylle Ruhe und Beschaulichkeit. Hauptattribute sind parkartige Grünflächen, stattliche Einzelhöfe, alter Baumbestand. Von Lärm und Hektik keine Spur!
Wir radeln über die Durchgangsstraße in Wall hinweg und treffen wenig später auf die B 472. Um ihrem starken Verkehr auf etwa 500 m zu entgehen, überqueren wir die Bundesstraße und folgen – 30 m links versetzt – dem im Wald hinunterlaufenden Weg. Er ist nicht sehr komfortabel, aber durchaus zu begehen und mündet nach 200 m in ein Teersträßchen. Hier fahren wir rechts in Richtung Mangfalltal, halten uns fortan konsequent an

Ein Radkurs wie er sein soll: verkehrsarm, in anmutiger Landschaft und mit Blick auf die Berge.

Mächtige alte Linde bei Wall als Mittelpunkt einer Blumenwiese

den Lauf der Mangfall und gelangen in reizvoller Tallandschaft an die Hauptkreuzung in **Gmund**. Lohnend ist dort nicht nur ein Besuch der Kirche, sondern auch des Strandbades und des Gasthofes Gut Kaltenbrunn mit seiner Prachtaussicht.

Nach Überqueren der Kreuzung geht es 100 m danach halbrechts die Tölzer Straße hinauf und am stattlichen Feichtner Hof vorbei, dann direkt nach dem Gasthaus Weidenau rechts und nach weiteren 200 m links Richtung Moosrain ab. Erneut liegt ein landschaftlich besonders reizvoller Abschnitt vor uns. Auch hier fast parkähnliches Bauernland mit gepflegten Höfen und schönen Ausblicken. Zuerst kommen wir nach **Moosrain** an die Bahnhofsstraße. Hier biegen wir links und direkt vor dem Bahnübergang wieder rechts ab, folgen dann hinten der Rechtskurve der Straße und radeln schließlich links auf

Tipp Gmund besitzt eines der schönsten Strandbäder am Tegernsee. Seine Markenzeichen: Große Liegewiesen und freier Blick auf den See und die dahinter aufragenden Berge. Und nach dem Bad noch einen Kaffee auf der Aussichtsterrasse des Guts Kaltenbrunn. Dann sind Sie für den Rückweg gerüstet!

Schaftlacher Straße/Buchenweg hinaus. Im weiteren halten wir uns an die Bahnlinie, überqueren die B 472 und folgen an der Linkskurve der Teerstraße dem Schotterweg entlang der Bahn. So kommen wir zum Rieder-Hof, steuern rechts die Straße Schaftlach – Bernloh an und dort links den Ortsrand **Schaftlach**.

Die Route verläuft nun auf der rechts abgehenden Krottenthaler Straße nach **Krottenthal** (Schilder beachten!) und dann vor zur verkehrsreichen B 318, wo es links und 300 m danach rechts Richtung Einhaus abgeht. Diese 300 m Bundesstraße lassen sich an dieser Stelle leider nicht umgehen und erfordern umsichtiges Verhalten. Wenn Sie unsicher sind, ist es besser, auf der linken Straßenseite zu schieben und erst bei der Abzweigung Einhaus die Straße zu überqueren. Mit Kindern sollten Sie vor Schaftlach rechts abbiegen, später die B 318 geradewegs überqueren und in Bernloh links nach Einhaus zu fahren.

In **Einhaus** jedenfalls wählen wir am Südrand des Dorfes die Abzweigung Richtung Gotzing. In der Folge bleiben wir konsequent auf Ostkurs, kommen später wieder an die Abzweigung nach Wall und radeln nun geradeaus auf bereits bekannter Strecke und mit neuem Blickwinkel zur Gotzinger Trommel zurück.

Essen und Trinken: Gotzing: Gasthaus Gotzinger Trommel mit Garten (Mo, Di Ruhetage). Wall: Gasthaus Mehringer mit Terrasse (Mo Ruhetag). Gmund: Gasthof Gut Kaltenbrunn mit Garten und Terrasse; Hotel-Gasthof Feichtnerhof mit Terrasse.

Sehenswertes: Gmund: Heimatmuseum in der Seestraße (Fr und So 15–18 Uhr) mit frühgeschichtlichen Funden aus der Gegend sowie Räumen mit Möbeln und Hausrat. Sehenswert auch die Ausstattung der Kirche St. Ägidius, so Altarblätter von Hans Georg Asam, ein Holzrelief von Ignaz Günther sowie Apostelfiguren, Tafelbilder und Grabdenkmäler. **Tegernsee:** Für viele der schönste See im Alpenvorland. Seine Fläche beträgt rund 9 km², sein Umfang 21 km, tief ist er bis zu 73 m. Im Sommer erreicht das Wasser ca. 20 °C. Badegelegenheit und Wassersportangebote bestehen rund um den See.

Information: Touristinfo der Gemeinde Gmund, Kirchenweg 6, 83703 Gmund am Tegernsee, Tel. 08022/750527, Fax 08022/750545, Internet www.gmund.de

Die Gegend nördlich des Tegernsees ist voll von schmucken Bauernhöfen, wie dieser in Schaftlach

mittel

 39 km

 ↑ 290 m ↓ 290 m

 4 Std.

VON DIETRAMSZELL NACH BAD TÖLZ

Dietramszell – Hechenberg – Ellbach – Bad Tölz – Ellbach – Kirchsee – Reutberg – Dietramszell

Hechenberg mit seiner Alpensicht ist erstes Ziel. Dann gelangt man in reizvoller Voralpenlandschaft nach Bad Tölz, wo es viel zu besichtigen gibt. Der Rückweg schließlich führt über Kirchsee und Kloster Reutberg durch den Zeller Wald nach Dietramszell zurück.

Auf dem Weg nach Tölz geht es durch diese Landschaft bei Ellbach mit Karwendelblick.

Tourenverlauf

Vom Kloster fahren wir Richtung Tölz hinaus, zunächst auf einem Radweg, später noch ein Stück auf Straße, dann biegen wir nach 1,7 km rechts Richtung Niederreuth ab. Der Weg steigt leicht bis mäßig an, führt bei weiten Ausblicken an **Niederreuth** vorbei und mündet in die Straße nach Hechenberg. Wir halten uns rechts, passieren bei zunehmend schönerer Aussicht auf die Berge den Weiler Walleiten und gelangen knapp 2 km weiter nach **Hechenberg**, in Kennerkreisen wegen seiner schönen Alpensicht beliebt (Terrasse Gasthaus Moar).

Am Gasthaus Moar vorbei geht es nun wieder hinunter in die Senke, wo sich reizvolle Moorlandschaft präsentiert. An der Gabel 600 m weiter setzen wir links fort, erreichen nach einer lang gezogenen

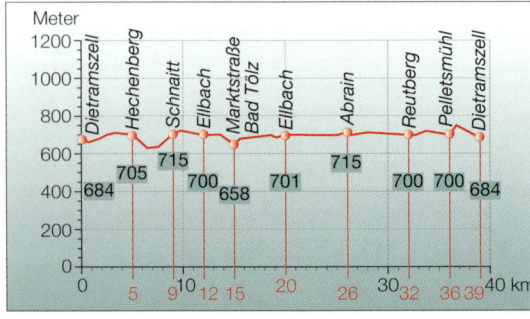

Tipp Wenn Petrus gutes Wetter beschert, sollten Sie die Radtour am 6. November unternehmen. An diesem Tag nämlich findet alljährlich die berühmte Tölzer Leonhardifahrt statt, eines der farbenprächtigsten Kirchenfeste des Oberlandes. Schon ab 9 Uhr zieht die Wagenkolonne von der Marktstraße hinauf zum Kalvarienberg, wo Wallfahrer und Pferde gesegnet werden.

Tourencharakter: Mittelschwere Rundtour durch das Hügelland nördlich von Bad Tölz. Immer wieder Anstiege, zum Teil auch etwas steiler, aber auch genussvolle Abfahrten. Auf den Straßen nur wenig Verkehr; die Schotterwege, immerhin zusammen rund ein Drittel der Strecke, gut befahrbar.
Ausgangs- und Endpunkt: Klosterkirche Dietramszell.

Anfahrt: Über B 13 bis Sauerlach oder Otterfing, dann nach Dietramszell.
Streckenverlauf: Hechenberg 5 km, Ellbach 6 1/2 km, Bad Tölz 3 1/2 km, Ellbach 5 km, Abrain 6 km, Reutberg 5 1/2 km, Dietramszell 7 1/2 km.
Wegweisung: Orts- und Straßenausschilderung.
Karte: München und Umgebung 1:100000, Bayerisches Landesvermessungsamt München.

Info Bad Tölz, als Kurbad international angesehen, besteht aus Altstadt östlich der Isar und Kurviertel westlich davon. In der Altstadt liegt die historische Marktstraße, eines der schönsten Ortsbilder Bayerns: Häuserzeilen mit bemalten und stuckierten Fassaden sowie vorspringenden Dächern, im oberen Teil der Straße das Winzererdenkmal, unten ein Marienbrunnen. Einen Besuch wert sind auch die Kirche Mariä Himmelfahrt (spätgotisch, Einrichtung neugotisch) und die Mühlfeldkirche von 1737 mit schmucker Barockausstattung. Über die Region hinaus bekannt ist das Heimatmuseum (Di–So 10–16 Uhr). Seine wichtigsten Sammlungen betreffen die Leonhardifahrt, Stadtgeschichte, Tölzer Bauernmöbel und sakrale Kunst. Das Museum zählt zu den bedeutendsten in Südbayern. Eines der schönsten Erlebnisbäder Südbayerns ist das Alpamare mit beheizten Becken, Brandungswellenbad, Sprudelfreibädern und Rutschbahnen.

Essen und Trinken: Dietramszell: Gasthaus Klosterschänke (Di Ruhetag). Hechenberg: Gasthaus Moar mit Terrasse (Mo Ruhetag). Bad Tölz: Gasthof Kolberbräu; Gasthof zum Oberbräu mit Biergarten. Kirchbichl: Gasthaus Jägerwirt mit Biergarten (Mo, Do Ruhetage).

Sehenswertes: Dietramszell: Kann mit einer der prächtigsten Barockkirchen Bayerns aufwarten. Ehemaliges Augustiner-Chorherrenstift. Neubau der Kirche 1741. Johann Baptist Zimmermann besorgte die Stukkierung und die Gemälde an Decke und Altären, Franz Xaver Schmädl trug eine Reihe von Schnitzfiguren bei. Die Kirche gilt als bäuerlich-festliches Gegenstück zur höfisch-eleganten Schäftlarner Klosterkirche. **Kirchsee:** Der bis zu 15 m tiefe und rund 1/2 km² große und warme Badesee ist in naturgeschütztem Moor eingebettet und bietet von seinen Ufern aus herrliche Gebirgssicht.

Reutberg: Klosterkirche des Franziskanerinnennklosters von 1735 mit engem dunklen »Loretohaus« und prächtigem Hochaltar mit Gnadenbild. Größere Anziehungskraft hat jedoch in der Regel das Bräustüberl mit Biergarten, wo sich Brotzeit und Gebirgssicht verbinden lassen.

Information: Gemeinde Dietramszell, Am Richteranger 10, 83623 Dietramszell, Tel. 08027/9058-0. Tourist-Information Bad Tölz, Max-Höfler-Platz 1, 83646 Bad Tölz, Tel. 08041/7867-0, Fax 08041/7867-56, E-Mail: info@bad-toelz.de, Internet www.bad-toelz.de

Steigung ein Quersträßchen und kommen rechts nach **Schnaitt**. Die Route führt weiter konsequent nach Süden, vorbei am Weiler Reut, durchläuft dann eine Waldstrecke und bringt uns mit prächtiger Alpensicht nach **Elbach**. An der Querstraße biegen wir rechts und nach gut 600 m noch einmal rechts ab und nehmen Kurs auf Bad Tölz. In angenehmer Abwärtsfahrt geht es durch den Wald, nach gut 1 km links Richtung Kammerweiher und über Tratfeld- und Hindenburgstraße direkt zur bekannten Marktstraße in **Bad Tölz**.

Nachdem Sie sich in der Isarstadt mehr oder minder intensiv umgesehen haben, geht es auf der Marktstraße nach Osten, an der Mühlfeldkirche vorbei und nach 700 m links in die Bahnhofstraße. Wir passieren den Bahnhof, folgen nun der Eichmühlstraße und radeln – am Freibad Eichmühle vorbei – entlang des Ellbachs hinaus. Ca. 1,7 km nach dem Freibad biegen wir in Obermühlberg links Richtung **Ellbach** ab, das wir nach einer aussichtsreichen Fahrt durch das reizvolle Ellbachmoor und einem kurzen Anstieg erreichen.

Wir verlassen das Dorf wieder auf der Reutberg-
straße, die in einen Weg übergeht, der uns durch
anmutiges Moorgebiet zur Straße Kirchbichl –
Sachsenkam bringt. Dort halten wir uns links, an
der nächsten Querstraße nach gut 1,5 km wieder
rechts und steuern nun in Geradeausfahrt **Abrain**
an. An der Kreuzung 600 m vor dem Dorf ist überlegenswert, einen Abstecher (1 km hin und zurück)
nach Kirchbichl zu machen und eine Pause beim Jägerwirt mit besonders schönem Biergarten einzule-
gen. 800 m nach Abrain bietet sich Gelegenheit zu
einem Bad im Koglweiher, weitere 400 m danach
biegt die Route rechts Richtung Kirchsee ab. Es
geht im leichten Auf und Ab durch Wald, dann bei
schönem Bergblick ein Stück direkt am Kirchsee

vorbei, wo man wiederum ins Wasser kann und weiter vor zur
Straße nach Sachsenkam. Auch hier empfiehlt sich ein Abstecher
(400 m einfach) zum **Kloster Reutberg**, das nicht nur mit einem
schönen Kirchenraum beeindrucken kann, sondern auch mit einem gemütlichen Biergarten einschließlich Karwendelblick.

Die barocke Klosterkirche in Dietrams-zell zählt zu den schön-ten Kirchen Oberbayerns.

Ob Abstecher oder nicht, wir setzen nach Norden fort, passieren
Babenberg und nach einer kräftigen Steigung Reith und kommen zur Abzweigung nach Pelletsmühl und Dietramszell. Nun
folgt eine rund 5 km lange Walddurchfahrt, gespickt mit einigen
kräftezehrenden Anstiegen, aber auch einer längeren Abfahrt
gegen Ende zu. 1 km nach Pelletsmühl passiert man eine Weggabel, an der man sich rechts halten muss. Nach Waldaustritt ist es
nur noch ein Katzensprung bis zum Kloster.

Ein Straßen-zug wie aus dem Bilder-buch: die Marktstraße in Bad Tölz mit Winzerer-denkmal und malerischer Häuserzeile

anspr.

43 km

↑ 345 m
↓ 345 m

5 Std.

ÜBER DAS THANNINGER HÜGELLAND

Egling – Eulenschwang – Thanning – Linden – Baiernrain – Lochen – Föggenbeuern – Peretshofen – Schallkofen – Egling

Auch diese Region zählt zu den Geheimtipps im Münchner Umland: landschaftlich von vielfältigem Reiz, zahlreiche schöne Aussichtspunkte und in keiner Weise überlaufen. Dafür ist die Tour aber sehr steigungsintensiv.

Tourenverlauf

Wir machen uns in Egling am Straßendreieck nahe der Kirche auf den Weg und radeln bei etwas mehr Verkehr die Sauerlacher Straße hinaus Richtung Endlhausen. Schon 500 m weiter läuft links ein Schottersträßchen hoch (Aufhofener Feld) und führt bei einigen Steigungen und mit Gebirgsblicken hinüber nach **Aufhofen**. Dort gilt nicht nur der Jägerwirt als Geheimtipp, sondern auch der Aufhofener Badeweiher.

Weiter geht es nach Osten Richtung Eulenschwang. Nachdem eine kräftige Steigung bewältigt ist, stoßen wir in offenem Wiesenland auf ein Quersträßchen vor

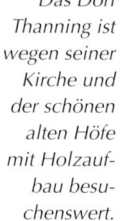

Das Dorf Thanning ist wegen seiner Kirche und der schönen alten Höfe mit Holzaufbau besuchenswert.

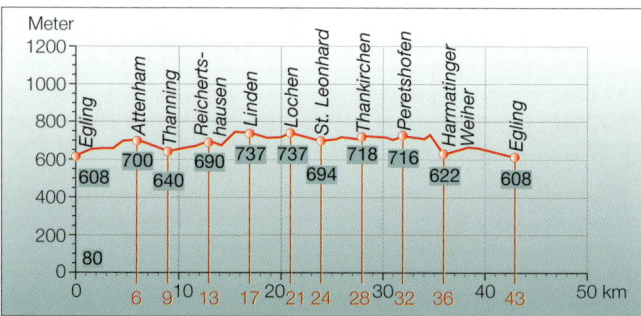

Meter												
1200												
1000		Attenham	Thanning	Reichertshausen		Lochen	St. Leonhard	Thankirchen	Peretshofen		Harmatinger Weiher	
800	Egling				Linden							Egling
600	608	700	640	690	737	737	694		718	716		622	608
400												
200	80											
0	0	6	9 10 13	17	20 21 24	28 30 32	36	40 43	50 km

Tourencharakter: 340 Höhenmeter und fast 6 km Steigungslänge, dazu 43 km Strecke mit häufigen Richtungsänderungen, das ergibt die anspruchsvollste Tour dieses Buches. Doch Landschaft und Gebirgsblicke gleichen die Anstrengungen mehr als aus. Verkehr ist nur an wenigen Stellen zu spüren. **Ausgangs- und Endpunkt:** Ortsmitte Egling.

Anfahrt: Mit Auto über Giesing, Grünwald und Deining direkt nach Egling.
Streckenverlauf: Thanning 9 km, Baiernrain 10 km, Föggenbeuren 7 km, Peretshofen 7 km, Egling 10 km.
Wegweisung: Orts- und Straßenbeschilderung.
Karte: München und Umgebung 1 : 100000, Bayerisches Landesvermessungsamt München.

Eulenschwang, an dem wir uns nach rechts wenden. So kommen wir über Sonnenham nach **Attenham**, müssen – rechts abbiegend – für 150 m auf die verkehrsreiche Durchgangsstraße, um dann links abzudrehen. Bei wunderbarem Alpenblick geht es hinunter nach Wörschhausen, dort rechts ab und nach 1 km an einer Einzelscheune wieder links auf dem Weiherweg nach **Thanning** hinein. Beachten Sie die schönen alten Holzhäuser am Weg.

Nun folgen wir der Hauptstraße nach Süden, erfreuen uns nach dem Dorf erneut an dem schönen Landschaftsbild und treffen 1 km nach Feldkirchen auf eine Kreuzung, wo wir das Sträßchen links nach **Reichertshausen** nehmen. Nach einigen leichten Anstiegen und herrlichen Rückblicken auf das Thanninger Land sind wir oben. Der Weiler wird in einer Links-/Rechtskurve durchquert, dann leitet uns das Sträßchen Richtung Reuth in schöner Waldfahrt an eine Querstraße, wo wir links abbiegen.

Nachdem ein 500 m-Anstieg bewältigt ist, können wir Reuth hinter uns lassen und stehen gut 1,5 km danach an der Dietramszeller Straße in **Linden**. Wie radeln links ins Dorf, biegen rechts auf den Baiernrainer Weg ab und erreichen mit schöner Bergsicht **Baiernrain**, den Wendepunkt der Tour. Wenn Sie sich im gleichnamigen Gasthof gestärkt haben, geht es in an-

Die Lindener Dorfkirche schmücken fast vollständig erhaltene gotische Wandmalereien um 1400.

Tipp Einer der bekanntesten Aussichtspunkte im Münchner Vorland ist die Peretshofer Höhe (729 m). Steigen Sie am Westrand des Dorfes 300 m hoch und genießen Sie das Landschaftsbild: Im Vordergrung das Isar- und Loisachtal, hinten die Bergkette u. a. mit Benediktenwand sowie Karwendel- und Wettersteingebirge.

mutiger Landschaft und mit hinreißendem Gebirgspanorama geradewegs nach **Lochen**, dort auf der Durchgangsstraße rechts in den Ort und gegen Ende links nach **Schlickenried**. Der dortige Gutsgasthof bietet ein Fitnessprogramm, u. a. mit Tennis, Hallenbad und

Sauna. Auch Reitmöglichkeit besteht. Gegenüber vom Gasthof läuft ein Schotterweg nach Süden weg, durchquert einen naturgeschützten Waldgürtel und führt zur stärker befahrenen Straße Linden – Dietramszell. Wir biegen dort links und nach 400 m an der Wallfahrtskirche St. Leonhard wieder rechts ab und vertrauen uns jetzt dem stillen Teersträßchen an, das uns in Nordwestrichtung nach **Föggenbeuern** bringt.

Am jenseitigen Dorfende dreht die Route wieder links ab und verläuft durch Wald nach Süden, über die Straße Humbach – Dietramszell hinweg, nach **Thankirchen** hinauf. Sehr schön sind in dem Ort ein paar mit Fresken und Schriften geschmückte Häuser zu besichtigen. Im Folgenden geht es, mit Alpensicht, aber auch mit Anstiegen, über Manhartshofen bis Punding, wo sich wieder die Bergkette präsentiert, und dann rechts hinüber geradewegs nach **Peretshofen**. Am Westrand des Dorfes liegt die Peretshofer Höhe, einer der schönsten Aussichtspunkte der Region.

Direkt unterhalb der Höhe führt uns nach dem letzten Gebäude ein Sträßchen rechts über Podling zur Straße Ascholding – Dietramszell. Dort lassen wir das Rad links fast 2 km hinuntersausen bis zum Großen Harmatinger Weiher, wo man im Übrigen auch baden kann, biegen dort scharf rechts ab und steuern in anmutiger Moosgegend das hoch gelegene **Schallkofen** an. Dort eingetroffen, gelangen wir nach einem Rechts-/Linksknick über Moosham wieder nach Egling zurück.

Essen und Trinken: Egling: Gasthaus zur Post. Aufhofen: Jägerwirt (Mo–Mi Ruhetage). Linden: Gasthaus Baur mit Garten. Baiernrain: Gasthaus Baiernrain mit Biergarten. Schlickenried: Hotelgasthof Gut Schlickenried mit Terrasse (Mo Ruhetag).

Sehenswertes: Thanning: Im Dorf reizvolle alte Holzhäuser. **Linden:** Sehr schöne gotische Wandmalereien um 1400 von beachtlicher Vollständigkeit in der Kirche St. Maria und Maternus. Wallfahrtskirche **St. Leonhard** mit guter Ausstattung, jedoch meist verschlossen. **Thankirchen:** Schöne alte Bauernhöfe, zum Teil in Holzbauweise oder mit Fresken und Schriften geschmückt.

Information: Gemeindeverwaltung Egling, Münchner Str. 2, 82544 Egling b. Wolfratshausen, Tel. 08176/93 12-0, Fax 08176/93 12-12.

Der reizvoll gelegene Harmatinger Weiher mit Seerosenkultur, aber auch mit Badeplätzen

mittel

39 km

↑ 220 m
↓ 220 m

4 Std.

UMRUNDUNG DER KÖNIGSDORFER FILZE

Königsdorf – Mooseurach – Faistenberg – Oberhof – Reindlschmiede – Ramsau – Unterbuchen – Rothenrain – Königsdorf

Die typische Filzlandschaft um Königsdorf und schöne Alpenbilder drücken dieser Tour ihren Stempel auf. Besonders genussvoll die Etappen um Faistenberg und entlang der Loisach. In Ramsau erwartet uns dann ein schöner Biergarten.

Tourenverlauf

Ab der Kirche in **Königsdorf** geht es hinaus auf der Beuerberger und nach 300 m an der Gabel links auf der Mooseuracher Straße. Bereits hier bieten sich schöne Bergblicke und schon bald präsentiert sich das Königsdorfer Moos als eine anmutige und sympathische Landschaft. Wir kommen an Zellwies vorbei und sind nach kurzer Steigung in **Mooseurach**.
Nachdem wir den Weiler geradeaus durchfahren haben und auf einer von alten Baumriesen bestandenen

Tourencharakter: Etwas längere aber schöne und aussichtsreiche Tour rund um die Königsdorfer Filze. Steigungen machen sich vor allem bei der Schleife über Faistenberg bemerkbar. Am Straßenzustand gibt es nicht viel auszusetzen, der Verkehr ist nur an wenigen Stellen verstärkt.
Ausgangs- und Endpunkt: Kirche in Königsdorf.

Anfahrt: Auf B 11 über Wolfratshausen.
Streckenverlauf: Mooseurach 4 km, Faistenberg 7 1/2 km, Reindlschmiede 10 km, Unterbuchen 6 km, Rothenrain 3 1/2 km, Königsdorf 8 km.
Wegweisung: Orts- und Straßenbeschilderung.
Karte: München und Umgebung 1 : 100 000, Bayerisches Landesvermessungsamt München.

Allee hinuntergeradelt sind, folgt eine Weggabel, an der wir geradeaus bleiben. Im Zuge einer schönen Birkenallee und in reizvoller Moosgegend passieren wir zunächst den Weiler Boschhof und die Loisach-Brücke und stoßen am Ortsende von **Bier-**

bichl auf die Straße Beuerberg – Penzberg. Hier bitte aufpassen, diese Straße ist etwas stärker befahren. Wir biegen rechts und nach 250 m wieder links Richtung Hohenleiten / Maierwald ab, nun wieder ohne Verkehr. Es folgt eine 500 m lange Steigung, für die man mit zunehmend prächtigem Alpenblick entschädigt wird. In stiller, bäuerlicher Wiesenlandschaft geht es mit anhaltend schöner Aussicht an **Putzlehen**, Maierwald, Märzanderl und Hohenleiten vorbei, bis wir in **Faistenberg** eintreffen.
In der Mitte des kleinen Dorfes biegen wir rechts ab (Schild Sackgasse) und folgen nach 200 m dem links abgehenden Fußweg nach Promberg. Wie gesagt, ein Fußweg, der aber für

Abendstimmung in Faistenberg

Radler gut befahrbar und nicht ausdrücklich gesperrt ist. Wenn Sie vorsichtig sein wollen, schieben Sie die nächsten 1,5 km, es reicht jedoch, abzusteigen, wenn Sie Fußgängern begegnen. Diese Route wählen wir, weil sie ein großartiges Landschaftsbild und herrliche Aussicht auf die Alpenkette bietet. Nach 1,5 km mündet der Weg in ein Teersträßchen, das bei leichter Steigung nach **Promberg** führt.

Wenn Sie auf der Terrasse des Hoislbräu Aussicht und Brotzeit genossen haben,

Der Biergarten vom Gasthaus Ramsau, ohne Zweifel einer der behaglichsten der ganzen Region

Essen und Trinken: Königsdorf: Posthotel Hofherr mit Biergarten. Promberg: Gasthaus/Café Hoisl mit Terrasse und Garten (Mo, Di Ruhetage). Reindlschmiede: Gasthof Reindlschmiede mit Biergarten (Mo Ruhetag). Ramsau: Gasthaus Ramsau mit Biergarten.

Sehenswertes: Königsdorf: Stattliches Dorf zwischen Isar- und Loisachtal. Kirche St. Laurentius, Mutterkirche des Isarwinkels, mit sehenswerter Einrichtung, u. a. Rokokostuck, Fresken, Altäre und Kanzel, außerdem sitzende Muttergottes (15. Jh.) und zwei Rotmarmorgrabsteine (um 1600). **Königsdorfer Filze:** Größtes Hochmoor Oberbayerns zwischen B 11 und Loisach mit charakteristischer Pflanzenwelt und schönem Gebirgspanorama. Durchzogen von Wander- und Radwegen.

Information: Gemeindeverwaltung Königsdorf, Hauptstraße 54, 82549 Königsdorf, Tel. 08179/9312-0.

steuern wir den 600 m südlich liegenden Weiler **Oberhof** an. Dort müssen wir zwar links ab, radeln aber erst ein paar Meter nach rechts, um uns an dem großartigen Bergpanorama zu erfreuen. Nun also fahren wir über Nantesbuch mit Prachtaussicht auf Loisachtal und Berge hinunter zur Straße Penzberg – Beuer-

berg, biegen links und nach 300 m wieder rechts (Richtung Nantesbuch) ab und nehmen nach Überqueren der Loisach Kurs auf **Hohenbirken**. In wiederum schöner Mooslandschaft geht es von dort weiter über Unterkarpfsee und Mürnsee (mit Schwimmbad) zum Gasthof **Reindlschmiede** an der B 11, dort für 200 m nach rechts (Vorsicht!) und dann links ab Richtung Schönau. Nach 2 km leichten Anstiegs landen wir in **Ramsau** (Gasthof mit Biergarten).

Nachdem der Durst gelöscht ist, folgen wir den Schildern nach **Oberbuchen**. In bäuerlich geprägter, leicht welliger Landschaft durchfahren wir das Dorf mit seiner fotogen auf einer Höhenrippe postierten Kirche und münden später in **Unterbuchen** in die Straße Tölz – Königsdorf. Wir befahren sie für 1 km nach Norden und nehmen dann das rechts hinten auf der Höhe liegende **Wolfsöd** zum Ziel. Dort führt ein Waldweg geradewegs hinüber zum Weiler **Rothenrain**, wo sich eine herrliche Aussicht auf Land und Berge eröffnet. Wir setzen auf der Teerstraße nach Norden fort, biegen an der nächsten Querstraße nach gut 2 km rechts und nach 300 m links ab und kommen zur Jugendsiedlung Hochland in **Rothmühle**. Nun sind es nur noch gut 3 km bis Königsdorf, das man über Osterhofen und Niederham erreicht.

Auch solche Bauerngärten gibt es im Isarwinkel: Blumenwiese, Obstbäume und ein Pavian aus Stein.

> **Tipp** Auf der Strecke Reindlschmiede – Ramsau liegt ein paar Hundert Meter südlich der Schönauer Weiher, von seiner anmutigen Lage mit Blick auf die Berge ein idealer Platz, um sich mit einem Sprung ins Wasser zu erfrischen.

mittel

45 km

↑ 75 m
↓ 78 m

4¹/₂ Std.

EINMAL STARNBERGER SEE UND ZURÜCK

Possenhofen – Tutzing – Bernried – Seeshaupt – Ambach – Ammerland – Berg – Starnberg

Der Kurs um den Starnberger See gehört zum Programm jedes Freizeitradlers. Am schönsten erweisen sich die Uferabschnitte Possenhofen – Tutzing und im Bernrieder Park. Langeweile kann kaum aufkommen, denn Anziehungspunkte, Gasthäuser und Badeplätze gibt es am Ufer zuhauf.

Tourenverlauf

Empfohlen wird, den See gegen den Uhrzeigersinn zu umrunden, weil sich so häufiger als am Ostufer spektakuläre Sicht auf See und Alpen eröffnet. Zu raten ist auch, die Strecke Starnberg – Possenhofen per Schiff zurückzulegen (April– Oktober täglich 10.35, 13.15 und 14.30 Uhr, Info Tel. 08151/80 61), denn die Straße ist zeitweise extrem stark befahren. Wer dennoch radeln möchte, fährt ab Starnberg auf Seepromenade, Unterem Seeweg und Possenhofener Straße in Südrichtung und schiebt nach 2,5 km durch ein Badegelände zur Anlegestelle in **Possenhofen**.

Dort beginnt also in jedem Fall die eigentliche Tour. Wir werfen noch einen Blick auf das im Park liegende Sissi-Schloss (Besichtigung nicht möglich) und radeln auf See- und Seeuferweg nach Süden. Nächste Station ist in **Feldafing** das Forsthaus am See mit großer Seeterrasse, eine schöne Einkehr. Was die Routenführung anbelangt, ist der Uferweg kurz nach dem Forsthaus als Fußweg ausgewiesen, obwohl alle Welt dort radelt und sogar ein Schild Rücksicht vom Radler fordert. Wenn Sie korrekt sein wollen, müssen Sie die 5 km bis Tutzing schieben, was

Starnberg

Berg

per Schiff

Possen-hofen

Feldafing

Leoni

Garats hausen

Tutzing

Starnberger See

Ammer-land

Unterzeismering

Höhenried

Ambach

Bernried

0   2 km

Seeseiten

Seeshaupt

St. Heinrich

Tourencharakter: Rundkurs um den Starnberger See, mit 45 km relativ lang, aber steigungsarm und deshalb angenehm zu radeln. Straßen und Uferwege in gutem Zustand, auflebender Verkehr nur zwischen Seeseiten und Ambacher Erholungsgelände.
Ausgangspunkt: Anlegestelle Possenhofen.
Endpunkt: Uferpromenade in Starnberg.
Anfahrt: Mit Auto auf der A 952 über Starnberg, per S-Bahn mit der S 6.

Streckenverlauf: Tutzing 7 km, Bernried 6 km, Seeshaupt 6 km, Ambach 8 km, Ammerland 4 km, Berg 8 km, Starnberg 6 km.
Wegweisung: Radschilder sowie Orts- und Straßenschilder.
Karte: München und Umgebung 1 : 100 000, Bayerisches Landesvermessungsamt München.

immer noch lohnend ist, weil gerade diese Strecke in Hinsicht Landschaft und Aussicht besonders schön ist, neben dem Bernrieder Park vielleicht der reizvollste Uferabschnitt am See.
Im weiteren folgen die Roseninsel, schon in vorgeschichtlicher Zeit bewohnt, mit einem Gartenschlösschen (1852), dann in **Garatshausen** das Schloss, wie Possenhofen ein Wittelsbacher Herzogschloss von Anfang des 16. Jh. sowie Häring's Wirtschaft in **Tutzing**, ebenfalls eine Einkehr in traumhafter Uferlage. Halten Sie sich in Tutzing zunächst in Ufernähe, um später an der Evangelischen Akademie auf die Hauptstraße hoch- und nach Süden hinauszufahren. Am Ortsende läuft links der Georg-Roth-Weg

Schloss Possenhofen war einstmals Sissis Märchenschloss und ist heute Wohnanlage für Gutbetuchte.

ab, geht in die Lindenallee über und führt über den Höhenrieder Weg an die große Bernrieder Straße in **Unterzeismering**. Dort biegen wir links auf den Radweg, der nach 500 m von der Straße abknickt und nach Höhenried führt. Wenn wir geradlinig an der Anlage vorbeiradeln, treffen wir auf den Radweg an der Tutzinger Straße und sausen hinunter nach **Bern-**

Essen und Trinken: Feldafing: Forsthaus am See mit Terrasse. Tutzing: Häring's Wirtschaft mit Terrasse und Biergarten (Mo Ruhetag). Seeseiten: Gasthaus/Café Seeseiten mit Garten (Mo Ruhetag). Ambach: Gasthaus Fischmeister mit Biergarten (Mo, Di Ruhetage). Leoni: Seehotel Leoni mit Terrassen. Berg: Hotel Schloss Berg mit Terrasse. Starnberg: Gasthof in der Au mit Garten; Gasthof zur Sonne (Sa und So Ruhetage); Café Undosa mit Terrasse und Garten.

Sehenswertes: Possenhofen: Sissi-Schloss (nicht zu besichtigen), in dem Elisabeth von Bayern, die spätere Kaiserin von Österreich, ihre Kindheit verbrachte. **Pocci-**Schloss, gehörte Franz Graf Pocci, dem Zeremonienmeister König Ludwig I. Er wurde auch »Kasperlgraf« genannt, weil er die bekannte Kasperlefigur erfunden haben soll. **Berg:** Im Schlosspark das Schloss von 1640, einst Sommersitz des Münchner Hofes, eine Votivkapelle zum Gedenken an Ludwig II. und ein Holzkreuz im See dort, wo der König angeblich ertrunken ist. **Starnberg:** siehe Tour 7. **Starnberger See:** Längster und wasserreichster See Bayerns. Umfang rund 50 km, Tiefe bis 127 m. Früher Würmsee genannt, bietet der See zahlreiche Bade- und Wassersportmöglichkeiten.

Fahrradverleih: Radhaus Starnberg GmbH, Jens Baier und Michael Worm, Wittelsbacherstraße 20, Tel. 08151/16714.

Information: Tourismusverband Starnberger Fünfseenland, Wittelsbacherstr. 2c, 82319 Starnberg, Tel. 08151/9060-0, Fax 08151/906090, E-Mail: info@starnberger-fuenf-seen-land.de, Internet www.starnberger-fuenf-seen-land.de

ried, wo wir gleich der ersten Linksabzweigung (Segelhafen) folgen und zur Schiffsanlegestelle kommen. Bernried lohnt einen Besuch, denn es besitzt nicht nur zwei sehenswerte Kirchen, sondern war auch einmal »schönstes Dorf Bayerns«. Erneut folgt ein attraktiver Abschnitt, nämlich der **Bernrieder Park**, die Stiftung einer Deutsch-Amerikanerin. Parkartiges Gelände und alter Baumbestand, dazu ein schönes Radsträßchen und Blicke auf See und Alpen, all das macht die Strecke zum Genuss. Nachdem wir gegen Ende ein Schlösschen passiert haben, münden wir auf die stärker befahrene Straße Tutzing – Seeshaupt, radeln noch am schönen Café Seeseiten vorbei (oder auch nicht!) und treffen in **Seeshaupt** ein.

Auf der Hauptstraße radeln wir nun hinüber nach St. Heinrich (zum Teil auch Uferweg) und bei spürbarem Verkehr weiter nach Norden. Dann nehmen wir links die Abzweigung zum Ambacher Erholungsgebiet, das wir schiebend durchqueren, und treffen in **Ambach** auf die Seeuferstraße, wo wir konsequent auf Nordkurs bleiben, immer am Seeufer entlang.

Als Nächstes folgt die Siedlung **Ammerland**, bekannt durch ihr Schloss, das dem Grafen von Pocci gehörte. Er gilt als Erfin-

Reizvollster Abschnitt am Starnberger See: der Bernrieder Park, auch zum Radeln ein Hochgenuss

*Das Strand-
bad Percha
mit Blick über
den See bis
hinüber nach
Starnberg*

der der berühmten »Kasperle«-Figur. Nachdem wir in Leoni die
großen Gastbetriebe mit ihren schönen Seeterrassen hinter uns
gelassen haben, treten wir in den Schlosspark **Berg** ein und können dort die neuromanische Votivka-
pelle zum Gedenken an König Ludwig
II. sowie das Holzkreuz im See, wo
der beliebte Monarch im Juni 1886
ertrunken ist, besichtigen.
Auf Seestraße und Uferweg, beide direkt am Ufer, erreichen wir schließlich das großzügige und beliebte
Seefreibad in Percha und radeln von
dort die kurze Strecke nach Starnberg zurück.

Info **Bernried** ist ein reizvoller Ort
mit viel Grün, kleinen Weihern
und alten Bäumen und war schon 1983
»Schönstes Dorf Bayerns«. Besuchenswert
auch die Kirche St. Martin mit prächtigem
Hochaltar und die Kirche Mariä Himmelfahrt, u. a. mit Rosenkranzmadonna und einer gotischen Pietà. **Bernrieder Park**, Auch
Bayerischer Nationalpark genannt, Stiftung
einer Deutsch-Amerikanerin. Alter Baumbestand, herrliche Badeplätze mit Blick über
den See und ein schöner Uferweg.

leicht

 27 km

 ↑ 215 m ↓ 215 m

 3 Std.

AUF DEN HÖHEN ÜBER WOLFRATSHAUSEN

Münsing – Assenhausen – Aufkirchen – Bachhausen – Dorfen – Degerndorf – Attenkam – Münsing

Es muss nicht immer das Ufer des Starnberger Sees sein! Auch auf den Höhen an seiner Ostseite kann man vergnüglich radeln, denn die Landschaft ist anziehend und eröffnet betörende Ausblicke. Und baden können Sie oben auch, nämlich im Buchsee.

Tourenverlauf

Der Buchsee bei Münsing

Wir verlassen **Münsing** auf der Schwabbrucker Straße (Schild Schwabbruck), die nach 400 m in einen Waldweg übergeht und zum Weiler **Schwabbruck** führt. Dort ist zu überlegen, ob ein Abstecher zum Buchsee (gut 2 km hin und zurück) mit Bademöglichkeit lohnt oder nicht. Weiter geht es jedenfalls links am Hof vorbei wieder in den Wald. 700 m danach stößt man auf einen Querweg, hält sich links und folgt nach Überqueren einer Brücke über den Lüßbach der Höhenrainer Straße geradewegs in den Wald. In **Sibichhausen**. angekommen, radeln wir links durch das Dorf, überqueren die Straße Berg – Münsing und fahren jetzt auf der Dürrbergstraße mit Bergblick nach **Assenhausen** hinein. Beachten Sie dort nicht

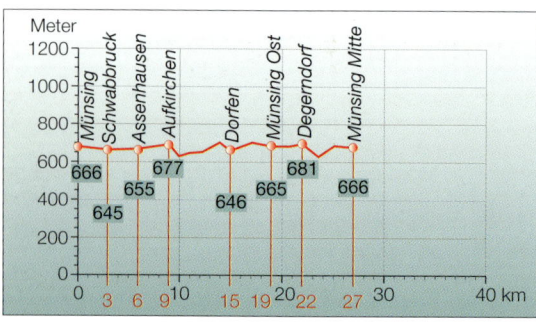

116

Tourencharakter: Kurze Rundtour durch das Hügelland oberhalb des Starnberger Sees. Nur begrenzte Steigungen, Straßen und Wege allesamt gut befahrbar. Insgesamt genussvolle Tour mit stellenweise prächtigen Ausblicken.
Ausgangs- und Endpunkt: Ortsmitte von Münsing.
Anfahrt: Mit Auto auf der A 95 bis Wolfratshausen, dann nach Münsing.

Streckenverlauf: Assenhausen 6 km, Aufkirchen 2 1/2 km, Bachhausen 2 km, Dorfen 4 1/2 km, Degerndorf 7 km, Münsing 5 km.
Wegweisung: Orts- und Straßenbeschilderung.
Karte: München und Umgebung 1 : 100000, Bayerisches Landesvermessungsamt München.

nur den Bismarckturm (1899) mit Aussichtsplattform und die parkartige Landschaft rundherum, sondern auch die schönen alten Holzhäuser im Dorf.

Gleich nach diesen Höfen führt die Route rechts ab Richtung Aufkirchen, quert erneut die Straße Berg – Münsing und bringt uns auf dem Höhenweg, dem Heinz-Rühmann-Weg (links ab) und dem Klosterweg direkt nach **Aufkirchen**. Wir fahren rechts vor zur großen Durchgangsstraße, überqueren sie und nehmen auf einem Radweg Kurs auf das östlich liegende **Bachhausen**.

2 km ist dieses Teilstück lang, dann biegen wir im Dorf rechts ab Richtung Wolfratshausen / Walchstadt. Nach Bachhausen zeigt sich gefällige Landschaft, in der man genussvoll radeln kann. Wir passieren Bachhauser Wies, müssen nun – unter der Autobahn hindurch – eine kräftige 400 m-Steigung überwinden und gelangen nach **Attenhausen**.

Danach wiederum reizvolle Landschaft und Blick auf die Berge. Großartig wird das Panorama, wenn wir gut 1 km danach den Ortsrand von **Dorfen** erreichen: Der Blick reicht über das Loisach- und Isartal bis hinüber zu Karwendel- und Mangfallgebirge und zu den Chiemgauer Bergen. Wir radeln hinunter zur Durchgangsstraße, halten uns dort rechts und biegen in der nächsten Rechtskurve links in die Meilenberger Straße Richtung Meilenberg ab.

Die Straße steigt leicht bis mäßig an, ist kaum befahren und durchläuft eine anmu-

tige Gegend mit weiten Ausblicken. Wenn wir Meilenberg passiert und die Autobahn unterquert haben, treten wir bald darauf aus dem Wald und haben nun einen besonders attraktiven Streckenabschnitt vor uns: prachtvolles Alpenpanorama und davor reizvolle oberbayerische Hügellandschaft. Wenig später überqueren wir am Ortsrand von Münsing die Straße nach Wolfratshausen und biegen nach einer Brücke gleich links ab.

Es folgt nun Genussradeln pur, zunächst bis zur Straße Münsing – Degerndorf, dann – links einschwenkend – bis nach **Degerndorf**. Dort folgen wir in einem Rechts-/Linksknick der Schulstraße, biegen am Weiher rechts ab und rollen nach kurzem Anstieg mit weiten Blicken hinunter nach **Attenkam**. In der Mitte dieses Dorfes geht es rechts ab, 200 m weiter erneut rechts auf ein Teersträßchen, das bald darauf in einen Feldweg übergeht und in Nordrichtung nach **Münsing** zurückführt. Vergessen Sie nicht, sich unterwegs an einer kleinen S-Kurve und danach an einem einzeln stehenden Baum umzudrehen und sich an den herrlichen Ausblicken auf Land und Berge zu erfreuen.

Essen und Trinken: Münsing: Gasthof Neuwirt mit Garten (Mi Ruhetag). Aufkirchen: Gasthof zur Post mit Biergarten (Mo Ruhetag). Degerndorf: Gasthaus/Café Kistler mit Terrasse (Mo–Mi Ruhetage).

Sehenswertes: Assenhausen: Bismarckturm, auf Initiative Münchner Bürger 1899 errichtet. Loggienartiger Unterbau. Rund um den Turm parkartiges Gelände. Im Ort Assenhausen ein sehr schöner alter Hof in Holzbauweise. **Aufkirchen:** In der Kirche Mariä Himmelfahrt reizvoller Kontrast zwischen weißen Wänden und Decken und den 14 lebensgroßen Apostelfiguren an den Seiten. Ausdrucksvolle Kreuzigungsgruppe im Chorraum.

Information: Gästeinformation Münsing, Weipertshausenerstr. 25, 82541 Münsing, Tel. 08177/930193, Fax 08177/930199, E-Mail info@muensing.de, Internet www.muensing.de

Tipp Verbinden Sie Ihre Radtour doch mit dem **Bochfest** der Münsinger Feuerwehr, einem Dorffest, das alljährlich Ende Juli auf dem Dorfplatz stattfindet. Zum geselligen Zusammensein an den Biertischen spielt die Blasmusik und es gibt gegrillte Schmankerl und kühles Bier (natürlich auch alkoholfreie Getränke). Info-Tel. 08177/9301-0.

Nur noch ein Katzensprung bis Aufkirchen.

Links: Parkähnliche Gegend nördlich von Münsing.

 leicht

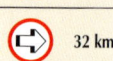 32 km

 ↑ 150 m ↓ 150 m

 3 Std.

IN DEN WÄLDERN DES FORSTENRIEDER PARKS

Forsthaus Kasten — Buchendorf – Leutstetten – Wangen – Oberdill – Sauschütt – Neuried – Forsthaus Kasten

Was einst königliches Jagdrevier war, ist heute beliebtes Ausflugsziel – der Forstenrieder Park. Wir durchstreifen ihn auf angenehmen Radlwegen, genießen Farben und Geruch des Waldes und machen auch zwei Abstecher: zur Keltenschanze nach Buchendorf und nach Leutstetten.

Tourenverlauf

So sehr der Biergarten am **Forsthaus Kasten** auch locken mag, zuerst sollten wir auf Tour gehen, danach können wir dann ausgiebig bayerische Biergartenkultur pflegen.

Fürs Erste steuern wir die Straße Gauting – Neuried an, überqueren sie und radeln geradewegs in den Wald hinein. Nach gut 600 m ein markantes Wegekreuz: Wir biegen rechts ab, fahren gut 500 m und folgen dann dem links aus dem Wald führenden Weg (gelbe Schilder) Rich-

Tourencharakter: Kurze, beschauliche Rundtour durch die Wälder am Südrand Münchens. Einige merkliche Steigungen nur rund um Leutstetten. Straßen und Waldwege in guter Verfassung und bei fehlendem Verkehr angenehm zu radeln.
Ausgangs- und Endpunkt: Forsthaus Kasten.
Anfahrt: Mit dem Auto über Fürstenried und Neuried; S-Bahn: S 6 bis Stockdorf, Reststrecke mit Rad.

Streckenverlauf: Buchendorf 3 km, Leutstetten 6 km, Wangen 4 km, Oberdill 3 ½ km, Achter-Lacke 9 km, Forsthaus Kasten 6 km.
Wegweisung: Radschilder (siehe Tourenverlauf) sowie Orts- und Straßenbeschilderung.
Karte: München und Umgebung 1 : 100000, Bayerisches Landesvermessungsamt München.

tung **Keltenschanze**. Nachdem wir die quadratische Anlage, einst Kultbau mit kleinen Holztempeln und Opferschächten, passiert haben, treffen wir auf die Durchgangsstraße in **Buchendorf** und fahren links durch das Dorf bis zur Kirche. Dort rechts ab und gleich darauf wieder links Richtung Wangen (blauweißes Schild Kreisradwanderweg). An der nächsten Wegegabel bleiben wir links und fahren nun hinaus in ein offenes, fahrradfreundliches Gelände. Das Teersträßchen macht nach 800 m einen Rechtsknick und führt nun die nächsten 2 km durch Wald nach Süden. Dann eine quer verlaufende Teerstraße, an der wir rechts durch bäuerliches Hügelland nach **Leutstetten** kommen. Beachten Sie kurz vor dem Dorf den schönen Alpenblick Richtung Süden, er wiederholt sich während der ganzen Tour wegen des vielen Waldes leider nicht mehr.

In Leutstetten ist nicht nur die Kirche besuchenswert, sondern auch der Biergarten der Schlosswirtschaft. Er muss schon früher Anklang gefunden haben, denn der bekannte Maler Moritz von Schwind hat das Wirtshausschild in seinem Bild »Hochzeitsreise« verewigt. Nun geht es auf der Wangener Straße wieder hinaus. Der nächste Abschnitt ist gekennzeichnet von viel Wald und einer Reihe leichter Steigungen.

Mal Wald, mal Park mit alten Bäumen: der Forstenrieder Park zeigt verschiedene Gesichter.

Das Forsthaus Kasten, Treffpunkt zur Brotzeit und Ausgangspunkt zum Radeln und Wandern

In **Wangen** radeln wir links am Feuerwehrhäuschen vorbei zur Straße Wangen – Starnberg, überqueren sie und fahren gleich nach der Autobahnunterführung links Richtung Schorn. Wir erreichen diese Siedlung, wenn wir an der folgenden Gabel links bleiben und erneut eine Autobahnunterführung passiert haben. Am Ortsende bringt uns der links abzweigende Weg schließlich nach Oberdill. Direkt vor der Polizeistation führt rechts ein Weg wieder in den **Forstenrieder Park**. Er war über Jahrhunderte hinweg Jagdrevier bayerischer Könige und ist heute natürlicher Lebensraum von Rot-, Dam- und Schwarzwild, dem man innerhalb der Umzäunung unvermittelt begegnen kann.

Nun steht uns eine rund 15 km lange Waldfahrt durch den Forstenrieder Park bevor. Zunächst stoßen wir nacheinander auf zwei Wegegabeln, an denen wir jeweils links fortsetzen. Gut 500 m weiter mündet der Weg in einem Links-

Essen und Trinken: Forst Kasten: Forsthaus Kasten mit Biergarten (Mo Ruhetag). Leutstetten: Schlossgaststätte mit Biergarten (offen Werktags ab 17 Uhr). Wangen: Gasthof Holzeder mit Biergarten (Di Ruhetag). **Sehenswertes: Buchendorf:** Keltische Viereckschanze mit ca. 115 m Seitenlänge und 1,20 m hohen Wällen, gilt als eine der besterhaltenen Anlagen in Süddeutschland. Unklar ist noch, ob es sich um einen ehemaligen Kultbau handelt, in dem sich kleine Holztempel und Opferschächte befanden. Kirche St. Michael, romanische Anlage, im 17./18. Jh. barock eingerichtet. Erwähnenswert vor allem spätgotische Wandmalereien (1595) und eine Reihe kunstvoller Schnitzfiguren, davon der hl. Michael auf dem Altar von Johann Baptist Straub. **Leutstetten:** Unterhalb der Schlossgaststätte die Kirche St. Alto, in der ein Holzrelief des Pfingstwunders (1490) sowie spätgotische Schnitzfiguren bewundert werden können. Im Park ein Schloss, das Sommersitz der Wittelsbacher und letzter Wohnsitz von Kronprinz Rupprecht von Bayern war.

knick in das **Karolinen-Geräumt** ein, das seinerseits für 6 km schnurgerade nach Nordosten führt. Streckenweise ist die Route geteert und der Wald parkartig, was das Radeln zu einem Genuss werden lässt.

Später macht das Sträßchen dann einen Linksknick und stößt knapp 1 km danach auf eine Straßenkreuzung (mit Bank). Dort geht es links ab Richtung Neuried, bald darauf unter der Autobahn hindurch und geradeaus weiter durch den Forst. Wir passieren die von mächtigen Eichen umstandene **Achter–Lacke**, eine ehemalige Tiertränke (Sauschütt), und müssen 1,3 km danach aufpassen: Der Weg knickt links ab, führt über das Neurieder Sträßl hinweg und geht in das Elisen-Geräumt über. Nach weiteren 150 m dann eine Rechtsabzweigung, die uns zur Straße Gauting – Neuried bringt. Wenn wir drüben auf dem Kraillinger-Geräumt Richtung Forsthaus Kasten fortsetzen, treffen wir gut 3 km danach wieder an der großen Lichtung ein, an der das Forsthaus und der schöne Biergarten schon auf uns warten.

Tipp Beim geringen Anstrengungsgrad der Radtour können Sie vielleicht noch eine kurze Wanderung verkraften: Lassen Sie die Räder in Leutstetten stehen und laufen Sie ab Schlossgaststätte den Weg nach Norden hinauf zum Ruinenplatz Karlsburg (nicht ganz 1 km). Immerhin kommt dieser Platz als möglicher Geburtsort Karls des Großen in Frage. Zu sehen ist allerdings nur noch der ungefähre Grundriss der Burg, sodass man etwas Fantasie entwickeln muss, um den Hauch der Geschichte zu spüren.

Der Wall der Buchendorfer Keltenschanze, die zu den besterhaltenen in Süddeutschland gehört

 mittel

 34 km

 ↑ 250 m ↓ 250 m

 3¹/₂ Std.

DURCH DAS FÜNFSEENLAND NACH ANDECHS

Weßling – Wörthsee – Seefeld – Widdersberg – Kloster Andechs – Frieding – Oberalting – Delling – Weßling

Eine Traumtour: Wir radeln durch Parklandschaften, vorbei an Wörth- und Pilsensee und gelangen nach Andechs, der ältesten Wallfahrt Bayerns. Von geistigen und leiblichen Genüssen gestärkt, geht es über Frieding, Oberalting und Delling zurück zum idyllischen Weßlinger See.

Tourenverlauf

Auf Bahnhof- und Schulstraße wird die Grünsinker Straße angesteuert, wo es dann rechts Richtung Etterschlag hinausgeht. Wir kommen an der Wallfahrtskirche Grünsink vorbei, halten uns gut 600 m danach in der Rechtskurve der Straße geradeaus und fahren in den **Golfplatz** Weßling ein. Sie sollten diese landschaftlich schöne Anlage zügig nach Süden durchqueren, denn Gefährdung durch verirrte Golfbälle kann nicht ganz ausgeschlossen werden. Nach ca. 2 km kommen wir an eine Gabel, dort wählen wir die rechte Abzweigung und stoßen auf die Etterschlager Straße in **Wörthsee**. Ein kurzer Links-/Rechtsknick und wir erreichen über die Maistraße das Ufer des Wörthsees.

An der Seestraße, wo wir links abbiegen, stehen ansehnliche Häuser und es bieten sich reizvolle Ausblicke auf den See. Dann folgen wir der rechts abzweigenden Seepromenade, bleiben am Ufer und radeln erst am Dettmarweg links hinauf, um drüben auf dem Amselweg fortzusetzen und dann rechts auf die Günteringer Straße abzubiegen. Sie eröffnet später weite Sicht bis hinüber zur Alpenkette und bringt uns nach **Güntering**. Wenn wir an der ersten Querstraße rechts und an der Inninger Straße wieder

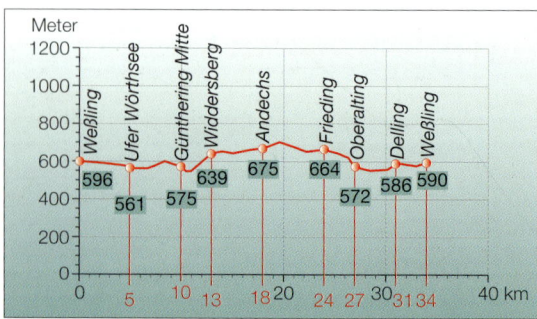

Tourencharakter: Steigungsbetonte Rundtour durch das reizvolle Fünfseenland. Kräftezehrend vor allem die Auffahrt nach Widdersberg. Sonst aber eine ausgesprochen genussvolle Tour auf verkehrsarmen Straßen und gut befahrbaren Schotterwegen.
Ausgangs- und Endpunkt: S-Bahnstation Weßling.
Anfahrt: Auto: A 96 bis Oberpfaffenhofen, dann nach Weßling. S-Bahn: S5.

Streckenverlauf: Wörthsee 5 km, Seefeld 6 km, Widdersberg 2 km, Kloster Andechs 5 km, Drößling 7 km, Oberalting 2 km, Weßling 7 km.
Wegweisung: Orts- und Straßenbeschilderung.
Karte: München und Umgebung 1:100000, Bayerisches Landesvermessungsamt München.

links abbiegen, sausen wir hinunter in die Senke des Pilsensees und gelangen zur Münchner Straße in **Seefeld**. An der Ampel überqueren wir sie und fahren zunächst Richtung Schloss weiter, um dann aber nach gut 100 m rechts auf die Straße einzudrehen.

Wenn Sie sich das Gräflich Toerringsche Schloss näher ansehen wollen, es ist nur ein Katzensprung hoch und lohnt sich (siehe Kasten). Hinaus geht es aber, wie schon gesagt, unterhalb der Burg. Wir radeln noch ein kurzes Stück an der Hauptstraße entlang und biegen dann Richtung Widdersberg ab. Vor uns liegt mit Steigungen von rund 1 km der anstrengende Teil der Tour. An der Kirche in **Widdersberg** aber haben wir das Gröbste bereits hinter uns und radeln nun weiter nach Süden. Linkerhand breitet sich bäuerliches Hügelland aus, rechts unten erstreckt sich die Senke mit Pilsen- und Ammersee. Nach genau 5 km treffen wir am Parkplatz in **Andechs** ein. Zur Rückfahrt radeln wir vom Parkplatz zur Minigolfanlage und biegen davor links auf das Teersträßchen ab. Es geht später

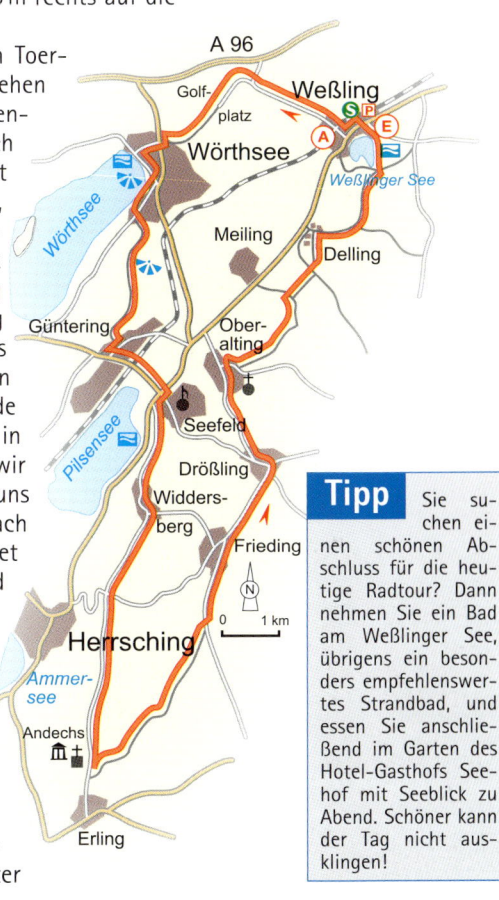

Tipp Sie suchen einen schönen Abschluss für die heutige Radtour? Dann nehmen Sie ein Bad am Weßlinger See, übrigens ein besonders empfehlenswertes Strandbad, und essen Sie anschließend im Garten des Hotel-Gasthofs Seehof mit Seeblick zu Abend. Schöner kann der Tag nicht ausklingen!

Kloster Andechs mit hochragender Kirche

in einen Schotterweg über und durchläuft ein parkähnliches Tal mit sanft gewellten Grünflächen und alten Baumriesen. Nach 4 km münden wir in eine Straße und erreichen kurz danach **Frieding**. Weiter geht es durch ländliche Gegend bis Drößling, wo wir links durch den Ort fahren und am Ende rechts dem

Sträßchen Richtung Seefeld folgen. Es lässt sich in ansprechender Landschaft und bei schönen Ausblicken angenehm radeln, zumal keine Autos stören. Endpunkt ist **Oberalting**, wo wir links an der Kirche hinunterfahren, dann rechts in die Uneringer Straße und 200 m weiter links auf die Moosdorfstraße abbiegen.

Diese führt, später nur noch als Schotterweg, durch das landschaftlich besonders

Eine der Dellinger Eichenalleen

> **Info** Kloster Andechs
>
> Andechs ist die älteste Wallfahrt Bayerns und heute noch hoch angesehen. Die 1670 neu erbaute Klosterkirche zählt zu den schönsten bayerischen Rokokokirchen. Stuckierung, Deckengemälde und Hochaltar stammen von Johann Baptist Zimmermann, außerdem sehenswert: der Reliquienschatz in der hl. Kapelle.

»Malerwinkel« am Weßlinger See mit Blick zum Dorf Weßling und seiner Kirche

anmutige Tal des Aubachs. Nach 1,5 km kommen wir an eine Weggabel, dort fahren wir nach links und nach weiteren 500 m auf einen rechts abgehenden Feldweg, der uns zum Turmfeldweg in **Delling** bringt. Beachten Sie dort die mächtigen Eichenalleen, die Graf Anton von Toerring 1776 hat anlegen lassen und die heute zu den schönsten und mächtigsten in ganz Süddeutschland gehören. Über die Mühlstraße geht es zur rechts abzweigenden Ettenhofener Straße, auf der wir nach gut 2 km zum **Weßlinger See** kommen. Genießen Sie am Ostufer das reizvolle Ortsbild mit der Weßlinger Kirche im Hintergrund. Bis zur Ortsmitte ist es nur noch ein Steinwurf.

Essen und Trinken: Weßling: Hotel-Gasthof Seehof mit Garten. Wörthsee: Gaststätte Strandbad Raabe mit Terrasse. Gaststätte Augustiner Strandbad Fleischmann mit Biergarten. Widdersberg: Gasthaus Wilder Hund mit Biergarten. Andechs: Klostergasthof mit Garten; Bräustüberl mit Terrasse (Selbstbedienung). Frieding: Landsgasthof »Der Obere Wirt« zum Queri. Oberalting: Gasthof Ruf mit Biergarten (Mi Ruhetag).

Sehenswertes: Schloss Seefeld: Über eine Steinbrücke (1678) kommt man durch ein Tor (1736) in die Vorburg und weiter in die Hauptburg, eine Art spätmittelalterliche Veste mit mächtigem Bergfried und einem Museum. **Oberalting:** Kirche St. Peter, eine der ältesten Kirchen des Gebietes, u. a. mit alten Grabsteinen und Kreuzigungsgruppe des Landsbergers Bildhauers Lorenz Luidl.

Information: Tourismusverband Starnberger Fünfseenland, Wittelsbacherstr. 2c, 82319 Starnberg, Tel. 08151/90 60-0, Fax 08151/90 60 90, E-Mail: info@starnberger-fuenf-seen-land.de, Internet www.starnberger-fuenf-seen-land.de

 leicht

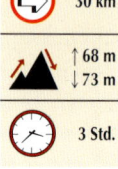 30 km

↑ 68 m
↓ 73 m

3 Std.

LANDPARTIE UM DEN AMMERSEE

Herrsching – Dießen (per Schiff) – Utting – Stegen –
Breitbrunn – Ellwang – Herrsching

*Das Ammerseeufer ist angenehm ländlich geblieben, bietet aber
nur noch wenig Ausblick oder Kontakt zum Wasser. Trotzdem
lohnt sich eine Umrundung. Nach Besuch der Prachtkirche in
Dießen verläuft sie bis Stegen und über Breitbrunn und Ellwang
nach Herrsching zurück.*

Tourenverlauf

Zwei Varianten stehen zur Auswahl: Entweder
per Schiff nach Dießen und dann über Utting,
Stegen und Breitbrunn um den Ammersee,
macht rund 30 Rad-km. Oder Sie erweitern die
Tour um eine Schleife über Raisting, bei der Sie
auf insgesamt 50 km kommen. Die Route von
Fischen direkt nach Dießen scheidet wegen
des starken Verkehrs aus.

Zuerst die kurze Route: Per Schiff geht es
zunächst nach **Dießen**. Beachten Sie
bitte, dass nur eine begrenzte Zahl
von Rädern transportiert werden
kann. Nach Rundgang in Dießen radeln wir auf der Uferstraße nach
Norden hinaus. Maßgebend ist das
grünweiße Radschild R 9, das eine de-
taillierte Wegbeschreibung erübrigt. Die
Route verläuft stets in Ufernähe und auf
den ersten 8 km entlang der Bahn. Leider
bieten sich bis Utting kaum Ausblicke auf
den See und so gut wie kein direkter Kontakt
zum Wasser. Ab Utting wird es besser.
Die ersten Stationen unserer Reise sind das
Wallfahrtskirchlein St. Alban, wo wir einen
Links-/Rechtsknick machen, des weiteren
einige See-Restaurants und der Bahnübergang **Riederau**. Nach längerer Walddurchfahrt passieren wir den Bahnübergang Holz-
hausen und erreichen den Ortsrand von **Utting**.

Tourencharakter: Verkürzte und nur wenig anstrengende Umrundung des Ammersees. Steigungen machen sich nur auf der Ostseite bemerkbar. Straßen verkehrsarm, Schotterwege vereinzelt in etwas schlechterem aber durchaus befahrbarem Zustand. Erweiterte Tour über Raisting durch die Länge deutlich kräftezehrender, Steigungen spielen keine wesentliche Rolle.

Ausgangs- und Endpunkt: S-Bahnstation Herrsching.

Anfahrt: Mit dem Auto auf A 96 bis Oberpfaffenhofen, dann über Weßling und Seefeld nach Herrsching. S-Bahn: S 5.

Streckenverlauf: Dießen (per Schiff), Utting 9 km, Stegen 8 km, Breitbrunn 6 km, Ellwang 2 km, Herrsching 5 km. Erweiterte Tour: Vorderfischen 9 km, Raisting 7 km, Dießen 4 km.

Wegweisung: Radschilder (siehe Tourenverlauf) sowie Orts- und Straßenbeschilderung.

Karte: München und Umgebung 1 : 100 000, Bayerisches Landesvermessungsamt München.

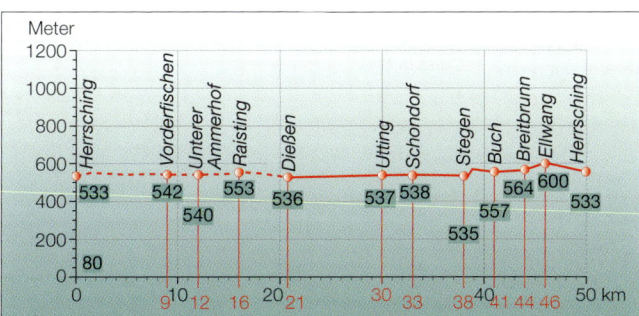

Variante:
Diese Tour kann auch in einer weitaus längeren (50 km) und anspruchsvolleren Variante gefahren werden. Sie erweitern die Tour um eine Schleife nach **Raisting**. Wenn Sie diese Variante wählen, geht es von Herrsching zum Schloss Mühlfeld am Südrand des Ortes dort rechts auf der Mühlfelder Straße (Radweg) in Ufernähe nach Süden. Nach ca. 3 km bietet sich Gelegenheit, hinunter zum Ufer zu fahren und ein Stück auf dem Uferweg weiterzuradeln, dort hat man zumindest bessere Sicht auf den See.

Wie auch immer, Ziel dieses Abschnitts ist **Vorderfischen**, wo wir rechts abbiegen und auf einem Radweg bis zur Ammerbrücke fahren. 50 m danach biegen wir links ab (Schild Sportplatz) und fahren im Zuge der Ammer über den Unteren Ammerhof zur Straße Raisting – Pähl.

Dort geht es links und nach gut 300 m vor der Ammer wieder rechts ab bis zu einem Wegdreieck kurz vor dem Oberen Ammerhof. Wenn wir uns dort nach rechts wenden, kommen wir – bei klarer Sicht mit großartigem Alpenpanorama – hinüber nach **Raisting**. Hier bietet sich ein Abstecher (ca. 1,5 km einfach) zur Erdfunkstelle Raisting an. Ab Raisting nutzen wir die Dießener Straße und münden später in die Weilheimer Straße (Radweg). Wenn wir vor dem Bahnübergang rechts auf der Jägerstraße fortsetzen, erreichen wir wenig später die Uferpromenade in **Dießen**.

Die Tour dauert auf diese Weise ca. 5 Std., im Anstieg sind 104 m zu bewältigen, 106 m geht es bergab.

Dort weist uns ein blauweißes Ratschild rechts hinunter zum Uferweg. Wir kommen an der Alten Villa vorbei, einem Restaurant mit Biergarten, und radeln, nun bei guter Aussicht und Zugang zum Wasser, rund 3 km nach **Schondorf**. Die dortige Kapelle St. Jakob (1150) gilt als älteste Kirche am See.

Der Ammer-see, gesehen von Stegen am Nordrand des Sees aus

Die ehemalige Villa Scheuer-mann in Herr-sching, heute Kurpark-schlösschen

Weiter geht es über Seestraße und Weingartenweg 2,5 km nach Norden bis zu einer Cafeteria, wo uns ein Radschild rechts in Richtung **Stegen** lenkt. Dort eingetroffen, nehmen wir 200 m nach dem Gasthof Schrey-egg den rechts abzweigen-den Weg Richtung Buch, dann nach gut 400 m links die hochführende Berg-straße und oben – rechts ab-schwenkend – die Schorn-straße nach Buch (Radschild Herrsching). An der Kirche

Essen und Trinken: Herrsching: Gasthof An-dechser Hof mit Biergarten; Gasthof Mühl-feldbräu mit Biergarten (Mo Ruhetag). Ut-ting: Gasthof Alte Villa mit Biergarten (Mo, Di Ruhetage). Stegen: Seehaus Schreyegg mit Seeterrasse.

Sehenswertes: Dießen: Klosterkirche St. Mariä des ehemaligen Augustiner-Chorher-renstifts, eine der glanzvollsten bayerischen Kirchen. 1739 Neubau durch Johann Michael Fischer. Der Innenraum erstrahlt in Weiß-Gold und enthält hochwertige Ausstattung, an der u. a. Ignaz Günther, Johann Baptist Straub und Franz Xaver Schmädl mitgewirkt haben. Im Seepavillon Dauerausstellung Dießener Kunsthandwerk. **Raisting:** Im Vor-feld des Dorfes steht – durch die Riesenan-tennen unübersehbar – eine der größten Erd-funkstellen der Welt, die Nachrichtensignale (Ferngespräche oder Fernsehsendungen) auf dem Funkweg per Satellit überträgt. Sehens-wert auch die Kirche St. Remigius von 1696 mit qualitätsvoller Spätrokoko-Ausstattung.

Fahrradverleih: Fahrrad Peter Nandlinger, Mühlfelder Str. 5, 82211 Herrsching, Tel. 08152/12 66.

Information: Tourismusverband Starnberger Fünfseenland, Wittelsbacherstr. 2c, 82319 Starnberg, Tel. 08151/90 60-0, E-Mail: info@starnberger-fuenf-seen-land.de, Internet www.starnberger-fuenf-seen-land.de. Verkehrsbüro der Gemeinde Herrsching, Bahnhofsplatz 3, 82211 Herr-sching am Ammersee, Tel. 08152/52 27, Fax 08152/40 5 19.

Kontraste in Raisting: hochmoderne Antennen-schüsseln, dahinter die Kapelle aus dem 18. Jh.

im Ortszentrum von **Buch** folgen wir der Breitbrunner Straße, später dem Bucher Weg durch einen Park und stoßen auf die Münchner Straße vor **Breitbrunn**. Über Kirch- und Wörthseestraße geht es zur Ellwanger Straße und in reizvoller Wiesenlandschaft mit schönen Rückblicken auf den See hinauf nach **Ellwang**. Dort biegen wir rechts ab und kehren über Rausch in genussvoller Abfahrt nach Herrsching zurück.

Tipp An der Ammerbrücke 700 m westlich von Vorderfischen bietet sich Gelegenheit, auf dem Damm zur Mündung der Ammer in den Ammersee vorzulaufen (1,8 km einfach). Es handelt sich hierbei um die Vogelfreistätte Ammersee-Südufer, eine Naturschutzzone, in der man mit etwas Glück seltene Vögel und Pflanzen beobachten kann. Lassen Sie aber Ihr Rad unbedingt vorne an der Straße stehen.

Info Der **Ammersee** ist der drittgrößte See in Oberbayern, 47 km² groß und bis 81 m tief mit 43 km Umfang. Der See besitzt noch ländlichen Charakter und bietet viele Badeplätze und Wassersportangebote. **Herrsching** ist der Hauptort am Ammersee und Ausgangsplatz der Dampfschifffahrt. Sehenswert ist das Kurparkschlösschen (einstige Villa Scheuermann) und der Archäologische Park am Mitterweg.

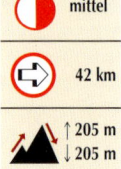

mittel

42 km

↑ 205 m
↓ 205 m

4½ Std.

INS MITTELALTERLICHE LANDSBERG

Geltendorf – Kaltenberg – Petzenhausen – Untermühlhausen – Kaufering – Landsberg – Schwifting – Penzing – Eresing – Geltendorf

Anziehende Landschaft, schöne Weitblicke und komfortable Radsträßchen kennzeichnen die Anfahrt über Kaltenberg nach Landsberg. Nach einem ausgiebigen Rundgang erfolgt die Rückfahrt über Penzing und Eresing, vereinzelt mit etwas schwierigeren Randbedingungen.

Tourenverlauf

Wir folgen der Bahnhofstraße schräg gegenüber vom Bahnhof Geltendorf Richtung Ortsmitte, biegen nach ca. 500 m links auf den Heuweg ab und sind damit auf Kurs Kaltenberg. Nach kurzer Waldfahrt radeln wir durch Hügelland und halten uns nach Überqueren eines Sträßchens konsequent entlang der Bahnlinie. Über die Lindestraße in **Kaltenberg** kommen wir zu einem Bahnübergang, an dem es links zur Dorfmitte geht und dort auf der Prinz-Heinrich-Straße hinauf zum Schloss. Es ist alljährlich im Juli Schauplatz der Kaltenberger Ritterspiele. Verlassen wird die Schlossanlage

nach Westen Richtung Jedelstetten (Radschildchen R 3). Wir überqueren die erste Straße, machen an der nächsten einen Rechts-/Linksknick und kommen nach **Jedelstetten**, wo wir Richtung

Tourencharakter: Relativ lange, schöne Rundtour über bäuerliches Land. Regelmäßige Steigungen, die aber meist nur kurz und leicht sind. Der Schotterweg von Ramsach nach Eresing erweist sich als fahrbar, ist aber nicht besonders komfortabel.
Ausgangs- und Endpunkt: S-Bahnhof Geltendorf.
Anfahrt: Mit dem Auto auf der A 96 bis Windach, dann nach Geltendorf. S-Bahn: S 4.

Streckenverlauf: Kaltenberg 4 km, Geretshausen 6 km, Kaufering 7 1/2 km, Landsberg 5 km, Penzing 7 1/2 km, Eresing 8 km, Geltendorf 4 km.
Wegweisung: Radschilder (siehe Tourenverlauf) sowie Orts- und Straßenbeschilderung.
Karte: München und Umgebung 1:100000, Bayerisches Landesvermessungsamt München.

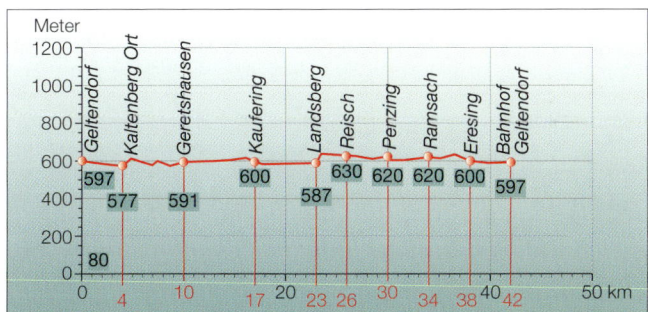

Petzenhausen ausfahren. Der folgende Abschnitt von rund 10 km bis Kaufering enthält schöne Radstrecken: verkehrsarme Sträßchen, nur moderate Steigungen, ansprechende Landschaft und prächtige Weitsicht bis zu den Alpen. Wir erreichen zuerst Petzenhausen, wo es an der Durchgangsstraße links weitergeht, dann **Geretshausen**, das in Richtung Penzing durchfahren wird, um am Ortsende rechts auf einen geteerten Weg abzubiegen. Nach genussvoller Fahrt treffen wir auf eine Eisenbahnunterführung, durch die wir geradewegs nach **Untermühlhausen** gelangen. Dieses Dorf verlassen wir auf seiner Westseite Richtung Fliegerhorst Penzing und folgen 100 m nach Ortsende dem rechts abgehenden Sträßchen (Radschildchen R 3), das erneut ein genussvoller Radkurs ist. Am nächsten Wegedreieck geht es rechts weiter, über eine Straße und

Die kunstvolle Stuckfassade des Landsberger Rathauses schuf Dominikus Zimmermann.

Das spätgotische Bayertor in Landsberg zählt zu den bedeutendsten seiner Art in Süddeutschland.

Tipp
Alljährlich im Juli finden in Kaltenberg die Ritterspiele statt, die als größtes Ritterturnier der Welt gelten und bei denen über 1000 Mitwirkende in historischen Trachten das Mittelalter wieder lebendig werden lassen.

Bahnlinie hinweg, zu einer Eisenbahnbrücke. Vor der Brücke geht links eine Straße ab und unterquert später die Bahn, womit wir uns im Ostteil von **Kaufering** befinden. Die Leonhardistraße führt zum Brückenring und dieser links zum Lech hinunter. Wenn er überquert ist, folgen wir gleich links dem Radschild und halten uns im weiteren am Fluss entlang.

Ein Stück radeln wir noch auf Straße, dann geht 200 m nach der Eisenbahnbrücke links ein Schotterweg ab, der uns durch die reizvollen Lechauen direkt nach **Landsberg** leitet. Über die Sandauer Brücke kommen wir zum Sandauer Tor und auf dem Vorderen Anger zum Hauptplatz.

Jetzt steht die Rückfahrt an. Zunächst ist es ein lang gezogener Aufstieg vom Hauptplatz über die Alte Bergstraße (schieben!) bis zum Bayertor. Dort fahren wir rechts zum Kreisverkehr und auf der Weilheimer Straße hinaus. 300 m weiter zweigt links der Reischer Talweg ab und führt in offener flacher Landschaft nach **Reisch**. Hier folgen wir den Schildern nach Schwifting, wo wir an der Dorfstraße nach Norden abbiegen und über die Autobahn hinweg nach **Penzing** gelangen. Am Kreis-

Essen und Trinken: Geltendorf: Gasthaus Alter Wirt, Garten. Kaltenberg: Gasthof Ritterschwemme mit Biergarten; Bräustüberl mit Terrasse (Mi, Do Ruhetag). Landsberg: Gasthof zum Mohren mit Biergarten (Fr ab 14 Uhr Ruhetag); Gasthof Zederbräu mit Terrasse. Eresing: Gasthof Wiedmann mit Biergarten (Mo Ruhetag). St. Ottilien: Klostergaststätte Emminger Hof mit Terrasse (Di Ruhetag).

Sehenswertes: Landsberg: Stadtgründung im 12. Jh. zum Schutz der Salzstraße. Der Hauptplatz gilt als einer der schönsten in Südbayern. Dort der Marienbrunnen, der Schmalzturm (1280) und das Rathaus von 1702 mit Stuckfassade von Dominikus Zimmermann. Es gilt als schönster Profanbau der Stadt. Eine der imposantesten spätgotischen Toranlagen Süddeutschlands ist das Bayertor von 1425. Sehenswert auch die Kirchen Landsbergs, so Mariä Himmelfahrt von 1488 mit vielfältiger und hoch stehender Ausstattung (u. a. Hochaltar, Wessobrunner Stuck, spätgotische Glasfenster sowie Schnitzfiguren und Grabdenkmäler), die Jesuitenkirche Hl. Kreuz von 1754 mit überaus prächtigem Innenraum und St. Johannes von 1752 von Dominikus Zimmermann. Das Neue Stadt- und das Herkomer-Museum (beide Di–So 14–17 Uhr) zeigen interessante Sammlungen (u. a. Römerfunde, Bilder). **Eresing:** St. Ulrich, 1757 barock umgestaltet, gefällt mit Stuck, Fresken, Hochaltar und Kanzel. **St. Ottilien:** Ab 1887 gegründetes benediktinisches Missionskloster, in dem vor allem die 500 Jahre alte Kapelle der Hl. Ottilia und das Missionsmuseum (täglich 10–17 Uhr) mit Sammlungen aus Afrika und Asien sehenswert sind.

Information: Gemeindeverwaltung Geltendorf, Schulstr. 13, 82269 Geltendorf, Tel. 08193/93 21-0. Kultur- und Fremdenverkehrsamt Landsberg am Lech, Hauptplatz 1, 86899 Landsberg am Lech, Tel. 08191/12 82 46, Fax 08191/12 81 60, E-Mail fremdenverkehrsamt@landsberg.de, Internet www.landsberg.de.

verkehr ein Radschild München, das bis Eresing Richtschnur bleibt. Es geht rechts auf der Fritz-Börner-Straße hinunter und am Ende Richtung Ramsach hinaus. Nach stiller Fahrt stoßen wir auf die Ortsstraße in **Ramsach** und setzen drüben auf der Eresinger Straße fort. Sie geht am Ortsende in einen Schotterweg über, der bei trockenem Wetter gut befahrbar ist. Rund 4 km müssen wir strampeln, dann sind wir in **Eresing**, steuern dort die Kirche an, und fahren auf der Pflaumdorfer Straße wieder hinaus. Schon 300 m weiter zweigt links die Emminger Straße ab und führt in einigen Windungen zur Erzabtei **St. Ottilien**, ein 1887 gegründetes benediktinisches Missionskloster. Wenn wir die Anlage nach Norden durchquert haben, sind es noch knapp 2 km bis zum Bahnhof Geltendorf.

Tipp Alle vier Jahre findet in Landsberg das größte Kinderfest Bayerns statt, das **Ruethenfest**. In historischen Trachten spielen und tanzen mehr als 1000 Kinder Szenen aus der Vergangenheit Landsbergs. Weitere Höhepunkte sind ein großer Festumzug und ein originalgetreues Landsknechtslager. Nächster Termin für das Ruethenfest ist der Juli 2007.

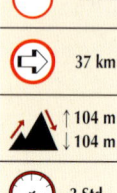

leicht

37 km

↑ 104 m
↓ 104 m

3 Std.

VON FÜRSTENFELD ZUM HASPELMOOR

Fürstenfeld – Schöngeising – Landsberied – Adelshofen – Hattenhofen – Mammendorf – Puch – Fürstenfeldbruck

Hier eine der schönsten Klosterkirchen Bayerns, dort das Haspelmoor mit vielfältiger Fauna und Flora – das sind die gegensätzlichen Pole dieser Tour. Sie führt im übrigen durch bäuerlich geprägte Landschaft, in der auch einige besondere Anziehungspunkte auf uns warten.

Tourenverlauf

Nachdem wir den glanzvollen Barockraum der **Fürstenfelder Klosterkirche** bestaunt haben, verlassen wir den Innenhof des Klosters durch das Tor gegenüber der Kirche und steuern links die Bahnunterführung an, um danach rechts der Zellhofstraße zu folgen.

Die Route verläuft durch das Naturschutzgebiet der Amperauen nach Südwesten, kommt am Zellhof vorbei und trifft auf die Holzhausener Straße, wo wir rechts abbiegen. Gut 600 m weiter das Gasthaus zur Post, dort geht es rechts über die Amper-Arme (Enterbruck) und kurz danach, dem Schild Landsberied folgend, links nach **Schöngeising**.

Nachdem das lang gestreckte Straßendorf bei leichten Steigungen und mäßigem Verkehr geradlinig durchfahren und der Bahnhof passiert wurde, radeln wir nach **Landsberied**. Hier heißt es aufpassen: Gegen Ende des Dorfes zweigt links ein Teer-

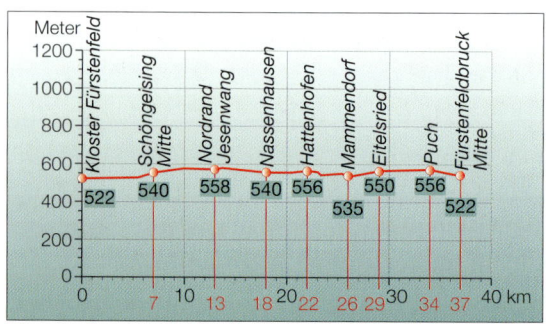

Tourencharakter: Steigungsarme Tour mittlerer Länge über bäuerliches Land. Stärkere oder längere Anstiege fehlen ganz, verkehrsreich ist nur das kurze Stück vor Mammendorf. Die Schotterwege sind problemlos nutzbar. Insgesamt ein gemütlicher Kurs, bei dem sich höchstens die Länge bemerkbar macht.
Ausgangspunkt: Kloster Fürstenfeld.
Endpunkt: Fürstenfeldbruck.
Anfahrt: Mit dem Auto auf der B 2 bis Fürstenfeldbruck. S-Bahn: Mit der S 4.

Streckenverlauf: Schöngeising 6 1/2 km, Landsberied 3 km, Nassenhofen 7 1/2 km, Hattenhofen 4 1/2 km, Mammendorf 4 1/2 km, Puch 7 1/2 km, Fürstenfeldbruck 3 1/2 km.
Wegweisung: Radschilder (siehe Tourenverlauf) sowie Orts- und Straßenbeschilderung.
Karte: München und Umgebung 1 : 100 000, Bayerisches Landesvermessungsamt München.

sträßchen ab, geht wenig später in Schotter über und führt in gerader Linie nach Westen auf Jesenwang zu. Die Gegend wirkt wie ein weites, flaches Becken, das von Wald umsäumt ist. Nun taucht die einzeln stehende Wallfahrtskirche St. Willibald auf, zu der uns ein Feldweg hinüberbringt. Hinter der Kirche läuft eine Straße nach links an den Rand von **Jesenwang**, wo wir unsere Fahrt auf der Römerstraße geradewegs nach Westen fortsetzen. 1 km weiter der Motorflugplatz Jesenwang, wo Sie das Rad gegen ein Flugzeug eintauschen und einen Rundflug starten können (Tel. 08146/1444). Weiter geht es auf angenehmer Radstrecke über Adelshofen bis **Nassenhausen**, dort direkt vor der Kirche nach links Richtung Luttenwang und 200 m weiter auf

Tipp Badegelegenheit auf dieser Tour gibt es nur eine: in der Freizeitanlage Mammendorf. Dort erwarten Sie u. a. große Liegewiesen, ein 50 m-Becken und ein Weiher, ein Kinderbecken sowie ein Wasserpilz und eine 173 m-Rutsche.

Essen und Trinken: Kloster Fürstenfeld: Gasthof Klosterstüberl mit Biergarten (Mo Ruhetag), Hotel-Gasthof Post mit Garten (Sa und Sonntagabend Ruhetage). Schöngeising: Gasthof Zum Unteren Wirt mit Biergarten. Jesenwang: Gasthof zum Huberwirt (Mi Ruhetag).
Sehenswertes: Haspelmoor: Hochmoor ca. 5 km westlich Mammendorf. Verschiedene Moortypen, vielfältige Flora (selten sind Strauchbirken und Spirken) und Fauna (Fuchs, Iltis, Steinmarder und Fasanen). **Puch:** Direkt an der Kirche eine tausendjährige Linde, in deren Stamm Edigna, Tochter Heinrichs von Frankreich, 35 Jahre ein Einsiedlerleben geführt haben soll. Sie starb 1109. Ihre Gebeine sind in der Kirche daneben aufbewahrt. Beachtung verdient auch das Denkmal Kaiser Ludwigs des Bayern am Ostrand von Puch, wo der Monarch 1347 bei einer Bärenjagd verstorben ist. **Fürstenfeldbruck:** Reizvolles Ortsbild an der Hauptstraße und an der Amperbrücke. Dort auch das Alte Rathaus (18. Jh.) mit Freitreppe, Giebelreiter und Medaillonreliefs.
Fahrradverleih: Fahrrad Fischbeck in Fürstenfeldbruck, Schöngeisinger Str. 76, Tel. 08141/349554.
Information: Stadtverwaltung Fürstenfeldbruck, Hauptstraße 31, 82256 Fürstenfeldbruck, Tel. 08141/28-0, Fax 08141/28-331, E-Mail info@fuerstenfeldbruck.de, Internet www.fuerstenfeldbruck.de

den (regenanfälligen) Schotterweg rechts. Damit sind wir auf Kurs zum **Haspelmoor** (grünweißes Radschild). Beachten Sie zu Anfang die schöne alte Birkenallee, später wird die Bewachsung dichter. Studieren können Sie Moortypen sowie eine vielfältige Flora. Wenn der Weg nach fast 2,5 km wieder in die Straße einmündet, fahren wir rechts nach **Hattenhofen** und dort vor der Kirche rechts Richtung Loitershofen. Vor uns liegt ein besonders angenehmes Radsträßchen mit ansprechender Landschaft und eindrucksvoller Fernsicht. In Loitershofen wählen wir die Ausfahrt Richtung Mammendorf, bewegen uns erneut auf einer schönen Radstrecke und stoßen hinter Peretshofen auf die stark befahrene B 2. Um nach **Mammendorf** zur Kirche zu kommen, müssen wir sie leider ein Stück befahren.

Die weitere Route führt gegenüber der Kirche auf der Straße Zum Seefeld ortsauswärts, nach knapp 200 m links ab und auf einem Teersträßchen strikt nach Osten bis zur Eitelsrieder Straße. Dort befindet sich die Freizeitanlage Mammendorfer See mit einer an heißen Tagen sicher willkommenen Badegelegenheit. Wir gehen nun auf Südkurs, kommen in gefälliger Landschaft mit weiter Aussicht nach **Eitelsried** und von dort – in Ostrichtung abdrehend – nach **Aich**.

Am Ende des Dorfes folgen wir dem Schild nach links Richtung

Info Die Klosterkirche des **Klosters Fürstenfeld**, eines ehemaligen Zisterzienserklosters, zählt zu den prachtvollsten Kirchen Bayerns. Ab 1700 neu erbaut, erstrahlt der Innenraum im Barockschmuck. Erwähnenswert u. a. die Fresken der Gebrüder Asam, der reiche Stuck, der prächtige Hochaltar von E. Q. Asam sowie das Chorgestühl und gotische Schnitzfiguren. Das Stadtmuseum im Kloster (Di–Sa 13–17, So/Fei 11–17 Uhr) informiert mit Sammlungen zur Geschichte des Klosters und der Stadt.

Puch und radeln mit weiter Aussicht hinüber bis **Puch**, wo es einiges zu sehen gibt (siehe Kasten). Auf dem Klosteranger fahren wir in den unteren Dorfbereich, biegen an der Querstraße Zur Kaisersäule rechts und 150 m danach links auf dem Radweg ab und steuern nun **Fürstenfeldbruck** an. Halten Sie auch bei der Einfahrt in die Stadt konsequent Ostkurs und biegen Sie erst an der Pucher Straße links ab. Dann kommen Sie direkt zur markttartigen Hauptstraße im Zentrum der Stadt.

Tipp Für kunsthandwerklich interessierte Radler ein wichtiger Termin: Alljährlich Mitte August steigt im Klosterhof Fürstenfeld für zwei Tage ein Markt für Töpfereien und Kunsthandwerk. Umrahmt wird das Ganze mit Musik, gekrönt werden kann ein Besuch mit der Besichtigung der prachtvollen Klosterkirche. Sicher ein gelungener Ausflug!

Oben: Das Haspelmoor

Linke Seite: Die Klosterkirche Fürstenfeld

Die Stadtmitte von Fürstenfeldbruck

Nr	km	Anforderung	Höhenmeter auf/ab	Fahrzeit Std.	Ausgangs-/Endpunkt	Anreise mit S-Bahn
1	33	leicht	63	3	Marienplatz	S 1–6, U 3/6
2	32	leicht	34	3	Marienplatz	S 1–6, U 3/6
3	38	leicht	0 / 55	3 1/2	Engl. Garten – Flughafen	U 3/6
4	36	leicht	34 / 51	3	Ostpark – Poing	U 8
5	37	leicht	127 / 32	3	Dtsch. Museum – Aying	S 5/6, U 1/8
6	38	leicht	223 / 161	3 1/2	Dtsch. Museum – Wolfratshausen	S 5/6, U 1/8
7	31	leicht	120 / 50	3	Hirschgarten – Starnberg	S 1– 6, S 8
8	36	leicht	135	3 1/2	Olching – S-Bahnhof	S 8
9	28	mittel	180	3	Kloster Indersdorf	S 2/A
10	35	leicht	47	3	Dachau S-Bahnhof	S 2
11	31	leicht	65	2 1/2	Neufahrn S-Bahnhof	S 1
12	31	leicht	91	3	Erding S-Bahnhof	S 2
13	39	mittel	193	4	Forstinning Ortsmitte	nicht möglich
14	27	leicht	173	3	Ebersberg S–Bahnhof	S 4
15	31	leicht	178	3	Grafing S-Bahnhof	S 4

Nr	km	Anforderung	Höhenmeter auf/ab	Fahrzeit Std.	Ausgangs-/Endpunkt	Anreise mit S-Bahn
16	33	mittel	294	4	Rott a. l. Klosterkirche	nicht möglich
17	28	leicht	168	3	Hohenthann Ortsmitte	nicht möglich
18	42	anspruchsvoll	436	4 1/2	Glonn Ortsmitte	nicht möglich
19	33	mittel	346	3 1/2	Weyarn Alter Wirt	nicht möglich
20	34	leicht	155	3	Gotzinger Trommel	nicht möglich
21	39	mittel	287	4	Dietramszell Klosterkirche	nicht möglich
22	43	anspruchsvoll	342	5	Egling Kirche	nicht möglich
23	39	mittel	217	4	Königsdorf Kirche	nicht möglich
24	45	mittel	75 / 78	4 1/2	Possenhofen Anlegestelle	S 6
25	27	leicht	215	3	Münsing Ortsmitte	nicht möglich
26	32	leicht	147	3	Forsthaus Kasten	nicht möglich
27	34	mittel	247	3 1/2	Weßling S-Bahnhof	S 5
28	30	leicht/	68/104	3	Herrsching S-Bahnhof	S 5
	50	mittel	73/106	5	Herrsching S-Bahnhof	S 5
29	42	mittel	206	4 1/2	Geltendorf S-Bahnhof	S 4
30	37	leicht	104	3	Fürstenfeldbruck S-Bahnhof	S 4

REGISTER

IMPRESSUM

DER AUTOR
Armin Scheider, geb. in Unterfranken, lebt seit fast 30 Jahren in München und hat sich in den letzten eineinhalb Jahrzehnten intensiv mit Freizeitgestaltung - Schwerpunkt bayerisches Alpenvorland - befasst. Er ist Autor von zahlreichen Büchern zu den Themen Radeln, Wandern und Ausflüge. Er ist ein Kenner von Kultur, Landschaft und Gastronomie.

Lektorat: Diana Thaler, Dr. Renate Dernedde
Herstellung: Thomas Fischer
Kartografie: Armin Scheider

Bildnachweis
Umschlagvorderseite: Dr. Wilfried Bahnmüller, Geretsried-Gelting (Motiv: Wolfratshausen, Obb., an der Loisach vor der Altstadt mit der Pfarrkirche St. Andreas unterm Loisachhochufer)
Alle Fotos im Innenteil und auf der Cover-Rückseite vom Autor

Gedruckt auf chlorfrei gebleichtem Papier

Die Deutsche Bibliothek - CIP Einheitsaufnahme
Ein Titeldatensatz für diese Publikation ist bei
Der Deutschen Bibliothek erhältlich.

Gesamtverzeichnis gratis:
Bruckmann Verlag GmbH, D-81664 München
www.bruckmann.de

Aktualisierte Ausgabe 2005
© 2003, 2001 Bruckmann Verlag GmbH, München
Alle Rechte vorbehalten.
Printed in Italy by Printer Trento S.r.l.
ISBN 3-7654-3737-9